ACCOUNTING PRINCIPLES

[해답집]

IFRS 회계원리

강정연 · 김우영 · 김종현 · 장석진 · 정석윤 · 정희선 공저

차 례

제1부 회계의 기초와 회계순환과정

제2부 계정과목별 회계처리

제3부 현금흐름표와 재무제표 분석

제 1 장
회계의 의의

객관식

[문제 1] 〈난이도: 하〉

정답: ④

부기는 회계정보의 생산(공급) 측면만을 반영하고 있다.

[문제 2] 〈난이도: 하〉

정답: ②

회계정보이용자와 기업의 이해관계자는 동일한 의미를 갖는 용어이다.

[문제 3] 〈난이도: 하〉

정답: ④

회계는 자본주의 경제체계를 지지하는 중요한 하부구조이고, 회계정보는 자본주의 경제에서 중요하게 이용되고 있다.

[문제 4] 〈난이도: 하〉

정답: ③

재무회계는 외부이해관계자에게 유용한 정보를 제공하는 것을 목적으로 한다.

[문제 5] 〈난이도: 중〉

정답: ④

우리나라 회계기준은 주식회사 등의 외부감사에 관한 법률에 법적 근거를 두고 있다.

제 2 장
재무제표

객관식

[문제 1] 〈난이도: 중〉

정답: ③

① 손익계산서에 대한 설명이다.
② 현금흐름표에 대한 설명이다.
④ 자본변동표에 대한 설명이다.

[문제 2] 〈난이도: 하〉

정답: ④

재무상태표와 포괄손익계산서는 자본계정을 통해 연계관계를 갖는다.

[문제 3] 〈난이도: 중〉

정답: ③

기초자본 = 기초자산 - 기초부채 = ₩1,000 - ₩500 = ₩500
당기순이익 = 총수입 - 총비용 = ₩1,100 - ₩700 = ₩400
기말자본 = 기초자본 + 당기순이익 = ₩500 + ₩400 = ₩900
기말부채 = 기말자산 - 기말자본 = ₩2,100 - ₩900 = ₩1,200

[문제 4] 〈난이도: 하〉

정답: ①

중요성은 목적적합성의 특성이다.

[문제 5] 〈난이도: 하〉

정답: ④

표현충실성은 근본적 질적 특성이다.

제 3 장

회계순환과정 I

객관식

[문제 1] 〈난이도: 하〉

정답: ④

④ 자산(매출채권) ₩100,000 증가, 자본(매출) ₩100,000 증가

[문제 2] 〈난이도: 하〉

정답: ②

배당의 지급은 차변에 기록한다.

[문제 3] 〈난이도: 하〉

정답: ④

광고비를 현금으로 지급한 결과 자산(현금)은 ₩5,000 감소, 자본(광고비 발생)은 ₩5,000이 감소한다.

[문제 4] 〈난이도: 하〉

정답: ①

② 분개장의 회계거래는 거래가 발생한 순서대로 기록한다.
③ 전기는 분개장에서 원장으로 차변과 대변의 금액을 옮겨 적는 것으로 일정 기간마다 주기적으로 실시한다.
④ 전기할 때 분개장의 차변에 기입된 내용은 원장에서 해당 계정의 차변에 기입한다.
⑤ 기업이 사용하는 계정의 수는 그 규모가 크고 사업활동이 다양해질수록 많아진다.

[문제 5] 〈난이도: 중〉

정답: ③

매출(수익)은 대변에 기록되는 계정이므로 이를 ₩1,800 초과 기록하는 경우 대변 잔액이 차변 잔액보다 ₩1,800만큼 커진다.

주관식

[문제 1] 회계상 거래 〈난이도: 하〉

회계상 거래에 해당하는 번호 : (1), (3), (6)

(1) 자산(현금) ₩600,000 증가, 자본(자본금) ₩600,000 증가

(3) 자산(기계장치) ₩100,000 증가, 부채(미지급금) ₩100,000 증가

(6) 자산(상품) ₩120,000 감소, 자본(재해손실로 인한 비용발생) ₩120,000 감소

[문제 2] 회계등식(1) 〈난이도: 하〉

① 증가 ② 감소 ③ 감소 ④ 증가

⑤ 감소 ⑥ 증가 ⑦ 비용 ⑧ 수익

[문제 3] 회계등식(2) 〈난이도: 중〉

1. 자산 = ₩14,500(현금) + ₩42,000(매출채권) + ₩100,000(토지) + ₩120,000(건물) + ₩17,000(기계장치)
   = ₩293,500

   부채 = ₩35,000(매입채무) + ₩143,600(차입금) = ₩178,600

   자본 = 자산 − 부채 = ₩293,500 − ₩178,600 = ₩114,900
2. 자본은 크게 자본금과 이익잉여금으로 구성된다.

   이익잉여금 = 자본 − 자본금
   = ₩114,900 − ₩50,000 = ₩64,900

[문제 4] 회계등식(3) 〈난이도: 중〉

1. 회계등식(자산 = 부채 + 자본 [자본금 + 이익잉여금(수익 − 비용)])

	자산			=	부채		+	자본	
거래	현금	매출채권	기계장치		차입금	미지급금		자본금	이익잉여금
1	₩100,000							₩100,000	
2	+50,000				+₩50,000				
3									
4	+10,000	+₩5,000							+₩15,000
5			+₩31,200			+₩31,200			
6	−13,000								−13,000
7	−31,200					−31,200			
8	−1,000								−1,000
9	+5,000	−5,000							
	₩119,800	₩0	₩31,200		₩50,000	₩0		₩100,000	₩1,000
계		₩151,000					₩151,000		

2. 분개

날짜	차변	금액	대변	금액
3월 1일	(차) 현 금	100,000	(대) 자본금	100,000
3월 2일	(차) 현 금	50,000	(대) 차입금	50,000
3월 5일	회계상 거래가 아니므로 분개 없음.			
3월 10일	(차) 현 금	10,000	(대) 매 출	15,000
	매출채권	5,000		
3월 12일	(차) 기계장치	31,200	(대) 미지급금	31,200
3월 20일	(차) 급 여	13,000	(대) 현 금	13,000
3월 24일	(차) 미지급금	31,200	(대) 현 금	31,200
3월 25일	(차) 이자비용	1,000	(내) 현 금	1,000
3월 31일	(차) 현 금	5,000	(대) 매출채권	5,000

[문제 5] 거래의 기록(1) 〈난이도: 중〉

1월 1일 주주들이 현금 ₩100,000을 출자하여 회사를 설립하였다.

1월 2일 은행으로부터 현금 ₩40,000을 차입하였다.

1월 3일 광고서비스를 제공하면서 대금 중 일부인 ₩25,000은 현금으로 받고, 나머지 ₩40,000은 나중에 받기로 하였다.

1월 8일 사무실 임차료 ₩12,000을 현금으로 지급하였다.

1월 10일 매출채권 중 ₩27,000을 현금으로 회수하였다.

1월 15일 종업원에게 급여 ₩15,000을 현금으로 지급하였다.

1월 25일 차입금에 대한 이자비용 ₩8,000을 현금으로 지급하였다.

1월 26일 차입금 중 ₩20,000을 현금으로 상환하였다.

[문제 6] 거래의 기록(2) 〈난이도: 중〉

1. 분개

날짜	차변	금액	대변	금액
3월 1일	(차) 현 금	200,000	(대) 자 본 금	200,000
3월 2일	(차) 현 금	100,000	(대) 차 입 금	100,000
3월 3일	(차) 임 차 료	50,000	(대) 현 금	50,000
3월 5일	(차) 비 품	10,000	(대) 미 지 급 금	10,000
3월 8일	(차) 현 금	30,000	(대) 용 역 수 익	30,000
3월 10일	(차) 광 고 비	8,000	(대) 현 금	8,000
3월 15일	(차) 매 출 채 권	70,000	(대) 용 역 수 익	70,000
3월 23일	(차) 현 금	70,000	(대) 매 출 채 권	70,000
3월 25일	(차) 이 자 비 용	5,000	(대) 현 금	5,000
3월 30일	(차) 차 입 금	60,000	(대) 현 금	60,000

2. T계정에 전기

현 금

3/1	200,000	3/3	50,000
3/2	100,000	3/10	8,000
3/8	30,000	3/25	5,000
3/23	70,000	3/30	60,000

자본금

		3/1	200,000

비 품

3/5	10,000		

미지급금

		3/5	10,000

매출채권

3/15	70,000	3/23	70,000

차입금

3/30	60,000	3/2	100,000

용역수익

		3/8	30,000
		3/15	70,000

임차료

3/3	50,000		

광고비

3/10	8,000		

이자비용

3/25	5,000		

[문제 7] 거래의 기록(3) 〈난이도: 중〉

1. 분개

3월 1일	(차)	현금	100,000	(대)	자본금	100,000
3월 2일	(차)	임차료	10,000	(대)	현금	10,000
3월 5일	(차)	차량운반구	15,000	(대)	현금	15,000
3월 10일	(차)	광고비	8,000	(대)	현금	8,000
3월 15일	(차)	현금	50,000	(대)	용역수익	50,000
3월 18일	(차)	현금	40,000	(대)	차입금	40,000
3월 20일	(차)	매출채권	30,000	(대)	용역수익	30,000
3월 25일	(차)	차량운반구	15,000	(대)	미지급금	15,000
3월 31일	(차)	급여	30,000	(대)	현금	30,000
3월 31일	(차)	이자비용	6,000	(대)	현금	6,000

2. T계정에 전기

현 금

차변		대변	
3/1	100,000	3/2	10,000
3/15	50,000	3/5	15,000
3/18	40,000	3/10	8,000
		3/31	30,000
		3/31	6,000

자본금

차변		대변	
		3/1	100,000

차량운반구

차변		대변	
3/5	15,000		
3/25	15,000		

미지급금

차변		대변	
		3/25	15,000

매출채권

차변		대변	
3/20	30,000		

차입금

차변		대변	
		3/18	40,000

용역수익

차변		대변	
		3/15	50,000
		3/20	30,000

임차료

차변		대변	
3/2	10,000		

광고비

차변		대변	
3/10	8,000		

이자비용

차변		대변	
3/31	6,000		

급 여

차변		대변	
3/31	30,000		

3. 시산표 작성

시산표

20×1년 3월 31일 현재

한국㈜ (단위 : 원)

	차변	대변
현 금	₩121,000	
매 출 채 권	30,000	
차 량 운 반 구	30,000	
차 입 금		₩40,000
미 지 급 금		15,000
자 본 금		100,000
용 역 수 익		80,000
임 차 료	10,000	
광 고 비	8,000	
이 자 비 용	6,000	
급 여	30,000	
합 계	₩235,000	₩235,000

[문제 8] 거래의 기록(4) 〈난이도: 중〉

1. 분개

1월 1일	(차) 현 금	34,000	(대)	자 본 금	34,000
1월 2일	(차) 차량운반구	8,000	(대)	현 금	5,000
				미 지 급 금	3,000
1월 3일	(차) 비 품	2,600	(대)	미 지 급 금	2,600
1월 6일	(차) 현 금	5,000	(대)	용 역 수 익	5,000
1월 12일	(차) 미 지 급 금	5,600	(대)	현 금	5,600
1월 15일	(차) 매 출 채 권	8,000	(대)	용 역 수 익	8,000
1월 25일	(차) 현 금	8,000	(대)	매 출 채 권	8,000
1월 26일	(차) 급 여	2,500	(대)	현 금	2,500
1월 31일	(차) 연 료 비	400	(대)	현 금	400

2. T계정에 전기

현 금

차변		대변	
1/1	34,000	1/2	5,000
1/6	5,000	1/12	5,600
1/25	8,000	1/26	2,500
		1/31	400

자본금

차변		대변	
		1/1	34,000

차량운반구

차변		대변	
1/2	8,000		

미지급금

차변		대변	
1/12	5,600	1/2	3,000
		1/3	2,600

비 품

차변		대변	
1/3	2,600		

매출채권

차변		대변	
1/15	8,000	1/25	8,000

용역수익

차변		대변	
		1/6	5,000
		1/15	8,000

급 여

차변		대변	
1/26	2,500		

연료비

차변		대변	
1/31	400		

3. 시산표 작성

시산표

20×1년 1월 31일 현재

강남㈜ (단위 : 원)

	차변	대변
현 금	₩33,500	
차 량 운 반 구	8,000	
비 품	2,600	
자 본 금		₩34,000
용 역 수 익		13,000
급 여	2,500	
연 료 비	400	
합 계	₩47,000	₩47,000

[문제 9] 시산표(1) 〈난이도: 상〉

시산표

20×1년 12월 31일 현재

강서㈜ (단위 : 원)

	계산근거	차변	대변
현금	₩6,504 + 540 − 824	₩6,220	
매출채권	6,462 − 540	5,922	
소모품	1,600 − 680	920	
기계장치	6,000 + 680	6,680	
미지급금	5,332 − 412 − 520		₩4,400
자본금			20,400
용역수익	4,760 + 1,602		6,362
급여		8,000	
임차료		3,420	
합계		₩31,162	₩31,162

[문제 10] 시산표(2) 〈난이도: 중〉

시산표

20×1년 12월 31일 현재

한국㈜ (단위 : 원)

	차변	대변
현금	₩59,000	
매출채권	10,000	
토지	50,000	
건물	60,000	
기계장치	25,500	
차입금		₩40,000
미지급금		50,000
자본금		100,000
용역수익		26,000
급여	5,000	
보험료	3,000	
이자비용	1,500	
임차료	2,000	
합계	₩216,000	₩216,000

제 4 장
회계순환과정 II

객관식

[문제 1] 〈난이도: 하〉

정답: ④

[문제 2] 〈난이도: 중〉

정답: ①

(차) 보험료 ××× (대) 선급보험료 ××× 분개가 누락될 경우 선급보험료(자산)가 과대계상되고, 보험료(비용)가 과소계상되어 순이익 및 자본이 과대계상되는 영향이 있다.

[문제 3] 〈난이도: 상〉

정답: ④

당기 중에 선급임차료(자산)가 ₩9,000 증가하고 ₩5,000의 임차료(비용)가 발생하면서 총 ₩14,000의 현금이 지급되었다. 임차료 관련 당기 중 기록되는 분개는 다음과 같다.

(차)	선급임차료	9,000	(대)	현 금	14,000
	임차료	5,000			

[문제 4] 〈난이도: 중〉

정답: ③

수정후시산표에 나타나는 이익잉여금은 기초이익잉여금에 해당한다.

[문제 5] 〈난이도: 하〉

정답: ③

마감분개는 회계순환과정에서 재무제표 작성 이후에 수행하는 절차이다.

주관식

[문제 1] 기간 개념 〈난이도: 하〉

1. 현금기준 당기순이익 = ₩400,000 − ₩140,000 = ₩260,000
2. 발생주의 당기순이익 = (₩400,000 × 12/20) − (₩140,000 × 12/20) = ₩156,000

[문제 2] 수익이연(1) 〈난이도: 중〉

1. 9월 1일	(차)	현 금	240,000	(대)	임대수익	240,000
2. 12월 31일	(차)	임대수익	160,000	(대)	선수임대료	160,000

[문제 3] 수익이연(2) 〈난이도: 중〉

1. 9월 1일	(차)	현 금	240,000	(대)	선수임대료	240,000
2. 12월 31일	(차)	선수임대료	80,000	(대)	임대수익	80,000

[문제 4] 비용이연(1) 〈난이도: 중〉

1. 9월 1일	(차)	보 험 료	48,000	(대)	현 금	48,000
2. 12월 31일	(차)	선급보험료	32,000	(대)	보 험 료	32,000

[문제 5] 비용이연(2) 〈난이도: 중〉

1. 9월 1일	(차)	선급보험료	48,000	(대)	현 금	48,000
2. 12월 31일	(차)	보험료	16,000	(대)	선급보험료	16,000

[문제 6] 비용이연(3) 〈난이도: 중〉

1. 4월 1일	(차)	소 모 품	100,000	(대)	현 금	100,000
12월 31일	(차)	소모품비	85,000	(대)	소 모 품	85,000
2. 4월 1일	(차)	소모품비	100,000	(대)	현 금	100,000
12월 31일	(차)	소 모 품	15,000	(대)	소모품비	15,000

3. 강서㈜의 20×1년 소모품비는 ₩85,000으로 동일이다. 소모품을 구입하는 시점에 전액 자산으로 처리하든지 또는 전액 비용으로 처리하든지 12월 31일 기말 수정분개를 통해 20×1년에 발생한 비용만을 비용으로, 발생비용을 초과하여 지급한 현금은 자산으로 기록하는 것이 가능하므로, 20×1년 당기순이익에 미치는 영향은 동일하다.

[문제 7] 수익발생 〈난이도: 중〉

1. 9월 1일	(차)	대 여 금	100,000	(대)	현 금	100,000
2. 12월 31일	(차)	미수이자	4,000	(대)	이자수익	4,000

3. 8월 31일	(차) 현 금	112,000	(대) 대 여 금	100,000
			미수이자	4,000
			이자수익	8,000

[문제 8] 비용발생 〈난이도: 중〉

1. 9월 1일	(차) 현 금	100,000	(대) 차 입 금	100,000
2. 12월 31일	(차) 이자비용	4,000	(대) 미지급이자	4,000
3. 8월 31일	(차) 차 입 금	100,000	(대) 현 금	112,000
	미지급이자	4,000		
	이자비용	8,000		

[문제 9] 수정후시산표와 재무제표 작성 〈난이도: 상〉

1.	(차) 감가상각비	10,000	(대) 감가상각누계액	10,000
	(차) 미수이자	5,400	(대) 이자수익	5,400
	(차) 선급보험료	6,000	(대) 보 험 료	6,000
	(차) 이자비용	5,000	(대) 미지급이자	5,000

2.

수정후시산표

20×1년 12월 31일

한국㈜ (단위: 원)

	차 변	대 변
현 금	₩236,000	
미 수 이 자	5,400	
선 급 보 험 료	6,000	
대 여 금	145,000	
매 출 채 권	120,000	
토 지	250,000	
차 량 운 반 구	100,000	
감가상각누계액 – 차량운반		₩50,000
미 지 급 이 자		5,000
미 지 급 금		165,000
차 입 금		100,000
자 본 금		250,000
이 익 잉 여 금		248,000
용 역 수 익		150,000
이 자 수 익		5,400
감 가 상 각 비	10,000	
보 험 료	6,000	
이 자 비 용	35,000	
급 여	60,000	
합 계	₩973,400	₩973,400

3.

1) 수익계정 마감

(차)	용역수익	150,000	(대) 집합손익	155,400
	이자수익	5,400		

2) 비용계정 마감

(차)	집합손익	111,000	(대) 감가상각비	10,000
			보험료	6,000
			이자비용	35,000
			급 여	60,000

3) 집합손익계정 마감

(차)	집합손익	44,400	(대) 이익잉여금	44,400

4.

포괄손익계산서

20×1년 1월 1일부터 20×1년 12월 31일까지

한국㈜ (단위 : 원)

수 익		₩155,400
용역수익	₩150,000	
이자수익	5,400	
비 용		111,000
감가상각비	₩10,000	
보험료	6,000	
이자비용	35,000	
급 여	60,000	
당기순이익		₩44,400
기타포괄손익		0
총포괄손익		₩44,400

재무상태표

20×1년 12월 31일 현재

한국㈜ (단위 : 원)

자 산			부 채	
현 금		₩236,000	미지급이자	₩5,000
미수이자		5,400	미지급금	165,000
선급보험료		6,000	차입금	100,000
대여금		145,000	부채총계	₩270,000
매출채권		120,000	자 본	
토 지		250,000	자본금	₩250,000
차량운반구	₩100,000		이익잉여금	292,400
감가상각누계액	(50,000)	50,000	자본총계	₩542,400
자산총계		₩812,400	부채와자본총계	₩812,400

[문제 10] 장부의 마감 〈난이도: 상〉

1.

(차) 보험료	1,700	(대) 선급보험료	1,700
(차) 감가상각비	2,500	(대) 감가상각누계액-건물	2,500
(차) 감가상각비	3,900	(대) 감가상각누계액-기계	3,900
(차) 선수임대료	2,200	(대) 임대료수익	2,200
(차) 이자비용	9,000	(대) 미지급이자	9,000

2.

(차) 용역수익	75,600	(대) 집합손익	101,800
임대료수익	26,200		
(차) 집합손익	84,900	(대) 급 여	35,000
		광고비	17,000
		수도광열비	15,800
		보험료	1,700
		감가상각비	2,500
		감가상각비	3,900
		이자비용	9,000
(차) 집합손익	16,900	(대) 이익잉여금	16,900

3.

마감후시산표

20×1년 12월 31일

강서㈜ (단위 : 원)

	차 변	대 변
현 금	₩29,500	
매 출 채 권	23,600	
선 급 보 험 료	1,400	
토 지	56,000	
건 물	106,000	
감가상각누계액 - 건물		₩2,500
기 계 장 치	49,000	
감가상각누계액 - 기계장치		3,900
미 지 급 이 자		9,000
미 지 급 금		10,400
선 수 임 대 료		2,800
차 입 금		100,000
자 본 금		100,000
이 익 잉 여 금		36,900
합 계	₩265,500	₩265,500

제 5 장 상품매매기업의 회계

객관식

[문제 1] 〈난이도: 하〉

정답: ① 계속기록법은 매출 시마다 매출과 매출원가를 구별하여 기록하는 방법이다. ②는 실지재고조사법에 대한 설명이다.

[문제 2] 〈난이도: 중〉

정답: ④

판매가능재고자산 = 기초재고자산 + 당기매입재고자산 = ₩5,000 + ₩95,000 = ₩100,000

판매가능재고자산 = 기말재고자산* + 매출원가** = (50개 × ₩700) + 매출원가

* 기말상품재고액(기말상품순실현가능가치) = 50개 × ₩700 = ₩35,000

** 매출원가 = 판매가능재고자산 − 기말재고액 = ₩100,000 − ₩35,000 = ₩65,000

[문제 3] 〈난이도: 중〉

정답: ④

매출원가 + 판매비와관리비 = (₩30,000 + ₩160,000 − ₩28,800) + ₩78,000 = ₩239,200

[문제 4] 〈난이도: 하〉

정답: ③

실지재고조사법이 계속기록법보다 간편한 상품거래 기록방법이다.

[문제 5] 〈난이도: 상〉

정답: ④

순매출액 = 총매출액 − 매출에누리와 환입 = ₩1,200,000 − ₩200,000 = ₩1,000,000

순매입액 = 총매입액 + 매입운임 − 매입에누리와 환출 − 매입할인
= ₩1,000,000 + ₩20,000 − ₩120,000 − ₩130,000 = ₩770,000

매출원가 = 기초상품재고액 + 당기순매입액 − 기말상품재고액
= ₩100,000 + ₩770,000 − ₩140,000 − ₩730,000

매출총이익 = 순매출액 − 매출원가
= ₩1,000,000 − ₩730,000 = ₩270,000

주관식

[문제 1] 상품매매기업의 포괄손익계산서 〈난이도: 하〉

매출원가 = 기초재고 + 당기매입 − 기말재고
매출총이익 = 매출액 − 매출원가

① ₩123,000　② ₩94,000　③ ₩48,800　④ ₩51,200
⑤ ₩104,000　⑥ ₩148,000　⑦ ₩24,000　⑧ ₩102,000

[문제 2] 계속기록법에 의한 회계처리 〈난이도: 중〉

1. 2월 10일	(차) 상 품	200,000	(대) 현 금	200,000
4월 13일	(차) 현 금	150,000	(대) 매 출	150,000
	매출원가	120,000	상 품	120,000
8월 20일	(차) 상 품	300,000	(대) 매입채무	300,000
10월 8일	(차) 매출채권	230,000	(대) 매 출	230,000
	매출원가	180,000	상 품	180,000

2.

상 품

1/1	100,000	4/13	120,000
2/10	200,000	10/8	180,000
8/20	300,000		

매출원가

4/13	120,000		
10/8	180,000		

[문제 3] 실지재고조사법에 의한 회계처리 〈난이도: 중〉

1. 3월 10일	(차) 매 입	300,000	(대) 현 금	300,000
5월 13일	(차) 현 금	200,000	(대) 매 출	200,000
9월 20일	(차) 매 입	150,000	(대) 매입채무	150,000
11월 8일	(차) 매출채권	280,000	(대) 매 출	280,000
12월 31일	(차) 매출원가	100,000	(대) 상 품(기초)	100,000
	매출원가	450,000	매 입(당기)	450,000
	상 품(기말)	170,000	매출원가	170,000

2.

상 품			
1/1	100,000	12/31	100,000
12/31	170,000		

매출원가			
12/31	100,000	12/31	170,000
12/31	450,000		

매 입			
3/10	300,000	12/31	450,000
9/20	150,000		

[문제 4] 추가적 고려사항(1) 〈난이도: 중〉

1. (1) (차) 상 품	70,000	(대) 매입채무	70,000
(2) (차) 매입채무	1,000	(대) 상 품	1,000
(3) (차) 매입채무	69,000*1	(대) 현 금	67,620
		상 품	1,380*2

*1. ₩70,000 − ₩1,000 = ₩69,000

*2. ₩69,000 × 0.02 = ₩1,380

2. (3) (차) 매입채무	69,000	(대) 현 금	69,000

[문제 5] 추가적 고려사항(2) 〈난이도: 중〉

1. (1) (차) 매 입	80,000	(대) 매입채무	80,000
(2) (차) 매입채무	5,000	(대) 매입환출및에누리	5,000
(3) (차) 매입채무	75,000*1	(대) 현 금	73,500
		매입할인	1,500*2

*1. ₩80,000 − ₩5,000 = ₩75,000

*2. ₩75,000 × 0.02 = ₩1,500

2. (3) (차) 매입채무	75,000	(대) 현 금	75,000

[문제 6] 추가적 고려사항(3) 〈난이도: 중〉

1. 12월 3일	(차) 매출채권	100,000	(대) 매 출	100,000
	매출원가	60,000	상 품	60,000
12월 5일	(차) 매출환입및에누리	10,000	(대) 매출채권	10,000
	상 품	6,000	매출원가	6,000
12월 12일	(차) 현 금	88,200	(대) 매출채권	90,000*1
	매출할인	1,800*2		

*1. ₩100,000 − ₩10,000 = ₩90,000

*2. ₩90,000 × 0.02 = ₩1,800

2. 12월 3일 (차) 매출채권 100,000 (대) 매 출 100,000
12월 5일 (차) 매출환입및에누리 10,000 (대) 매출채권 10,000
12월 12일 (차) 현 금 88,200 (대) 매출채권 90,000[*1]
매출할인 1,800[*2]

*1. ₩100,000 − ₩10,000 = ₩90,000

*2. ₩90,000 × 0.02 = ₩1,800

[문제 7] 회계순환의 완성(1) 〈난이도: 중〉

12/31	(차) 이자수익	50,000	(대) 집합손익	1,016,000
	매 출	966,000[*1]		

*1. ₩1,020,000(매출) − ₩40,000(매출환입및에누리) − ₩14,000(매출할인) = ₩966,000

12/31	(차) 집합손익	906,000	(대) 매출원가	694,000
			판매운임	4,000
			광고선전비	30,000
			이자비용	38,000
			급 여	90,000
			수도광열비	36,000
			감가상각비	14,000
12/31	(차) 집합손익	110,000	(대) 이익잉여금	110,000

[문제 8] 회계순환의 완성(2) 〈난이도: 중〉

1. 수정분개

① 순매입액을 계산하기 위한 수정분개

(차) 매입환출및에누리	10,000	(대) 매 입	13,000
매입할인	3,000		

② 매출원가를 계산하기 위한 수정분개

(차) 매출원가	30,000	(대) 상품(기초)	30,000
매출원가	147,000	매입(당기)	147,000
상품(기말)	28,800	매출원가	28,800

③ 순매출액을 계산하기 위한 수정분개

(차) 매 출	7,800	(대) 매출환입및에누리	4,600
		매출할인	3,200

2. 마감분개

① 수익계정의 마감

(차) 매 출	280,200	(대) 집합손익	280,200

② 비용계정의 마감

(차) 집합손익	226,200	(대) 매출원가	148,200
		판매비와관리비	78,000

③ 집합손익계정의 마감

(차) 집합손익	54,000	(대) 이익잉여금	54,000

[문제 9] 종합문제 〈난이도: 상〉

1. 거래일자별 분개

일자	차변	금액	대변	금액
3월 1일	(차) 매　입	8,000	(대) 매입채무	8,000
3월 2일	(차) 매출채권	4,000	(대) 매　출	4,000
3월 5일	(차) 매입채무	600	(대) 매입환출및에누리	600
3월 9일	(차) 현　금	3,960	(대) 매출채권	4,000
	매출할인	40		
3월 10일	(차) 매입채무	7,400	(대) 매입할인	148*
			현　금	7,252
			* ₩7,400 × 2%	
3월 22일	(차) 매　입	2,700	(대) 현　금	2,700
3월 24일	(차) 현　금	5,950	(대) 매　출	6,200
	운송비	250		

2. 수정분개

① 순매입액을 계산하기 위한 수정분개

(차) 매입환출및에누리	600	(대) 매　입	748
매입할인	148		

② 매출원가를 계산하기 위한 수정분개

(차) 매출원가	3,000	(대) 상품(기초)	3,000
매출원가	9,952	매입(당기)	9,952
상품(기말)	5,252	매출원가	5,252

③ 순매출액을 계산하기 위한 수정분개

(차) 매　출	40	(대) 매출할인	40

3. 마감분개

① 수익계정의 마감

(차) 매　출	10,160	(대) 집합손익	10,160

② 비용계정의 마감

(차) 집합손익	7,950	(대) 매출원가	7,700
		운송비	250

③ 집합손익계정의 마감

(차) 집합손익	2,210	(대) 이익잉여금	2,210

4.

포괄손익계산서

20×1년 3월 1일부터 20×1년 3월 31일까지

한국㈜ (단위 : 원)

매 출 액			₩10,160
매 출 원 가			7,700
매 출 총 이 익			₩2,460
판매비와관리비			250
	운 송 비	₩250	
당 기 순 이 익			₩2,210
기 타 포 괄 손 익			0
총 포 괄 손 익			₩2,210

제 6 장
재고자산

객관식

[문제 1] 〈난이도: 중〉

정답: ②

① 한국채택국제회계기준은 후입선출법을 허용하지 않고 있다.

③ 물가가 하락하는 경우 선입선출법하에서의 기말재고자산이 가중평균법보다 작아진다.

④ 계속기록법하에서 가중평균법(이동평균법)을 적용하였을 때의 매출원가는 실지재고조사법하에서 가중평균법을 적용하였을 때의 매출원가와 동일하지 않게 나타난다.

[문제 2] 〈난이도: 중〉

정답: ②

일자	매입	매출원가	재고자산	평균단가
1.1			60 @₩100	
3.1	40 @₩150		100 @₩120	$\frac{₩100 \times 60개 + ₩150 \times 40개}{100개}$ = ₩120
6.1 (80단위 판매)		(80 @₩120) **₩9,600**	20 @₩120	
9.1	60 @₩200		80 @₩180	$\frac{₩120 \times 20개 + ₩200 \times 60개}{80개}$ = ₩180
12.1 (50단위 판매)		(50 @₩180) **₩9,000**	30 @₩180	
매출원가 = ₩9,600 + ₩9,000 = ₩18,600 기말재고자산 = ₩180 × 30개 = ₩5,400				

[문제 3] 〈난이도: 상〉

정답: ④

재고자산감모손실과 재고자산평가손실 중에 재고자산감모손실을 먼저 인식한다.

재고자산감모손실 = (150개 − 140개) × ₩1,000 = ₩10,000

재고자산평가손실 = 140개 × (₩1,000 − ₩900) = ₩14,000

[문제 4] 〈난이도: 상〉

정답: ④

확정판매계약에 대한 재고자산평가손실 = 200개 × (₩300 − ₩280) = ₩4,000

확정판매계약 이외의 판매에 대한 재고자산평가손실 = 400개 × (₩300 − ₩270*) = ₩12,000

* 확정판매계약 이외의 판매에 대한 순실현가능가치 = ₩290 − ₩20 = ₩270

따라서 인식해야 할 재고자산평가손실 총액 = ₩4,000 + ₩12,000 = ₩16,000

[문제 5] 〈난이도: 중〉

정답: ②

- 매출액 = 매출원가 × 120%
- 매출원가 = ₩6,000 ÷ 1.2 = ₩5,000
- 평균재고자산 = (₩400 + ₩600) ÷ 2 = ₩500
- 재고자산회전율 = ₩5,000 ÷ ₩500 = 10
- 재고자산평균보유기간 = 360일 ÷ 10 = 36일

주관식

[문제 1] 재고자산 개념과 재고파악 〈난이도: 중〉

창고에 보관 중인 기말재고	₩500,000
(1) 선적지인도기준으로 판매한 운송 중인 상품	−
(2) 도착지인도기준으로 매입한 운송 중인 상품	−
(3) 선적지인도기준으로 매입한 운송 중인 상품	40,000
(4) 도착지인도기준으로 판매한 운송 중인 상품	60,000
(5) 위탁품	10,000
정확한 기말재고자산	₩610,000

[문제 2] 재고자산의 단위원가 결정(1) 〈난이도: 중〉

1. 선입선출법에 따른 매출원가와 기말재고자산(실지재고조사법)

구분	당기판매가능액			① 기말재고자산			판매
	수량	단가	금액	수량	단가	금액	수량
기초재고(1/1)	40	₩80	₩3,200	−	−	−	40
매 입(1/13)	30	100	3,000	15	₩100	₩1,500	15
매 입(1/27)	30	120	3,600	30	120	3,600	
합 계	100		₩9,800	45		₩5,100	55
② 매출원가 = 당기판매가능액 − 기말재고자산 = ₩9,800 − ₩5,100 = ₩4,700							

2. 후입선출법에 따른 매출원가와 기말재고자산(실지재고조사법)

구분	당기판매가능액			① 기말재고자산			판매
	수량	단가	금액	수량	단가	금액	수량
기초재고(1/1)	40	₩80	₩3,200	40	₩80	₩3,200	
매 입(1/13)	30	100	3,000	5	100	500	25
매 입(1/27)	30	120	3,600	–	–	–	30
합 계	100		₩9,800	45		₩3,700	55

② 매출원가 = 당기판매가능액 – 기말재고자산
= ₩9,800 – ₩3,700
= ₩6,100

[문제 3] 재고자산의 단위원가 결정(2) 〈난이도: 중〉

1. 선입선출법에 따른 매출원가와 기말재고자산(계속기록법)

구분	당기판매가능액			판매	① 매출원가		
	수량	단가	금액	수량	수량	단가	금액
기초재고(7/1)	120	₩130	₩15,600	120	120	₩130	₩15,600
매 입(7/6)	200	150	30,000	180	180	150	27,000
매 입(7/14)	110	180	19,800	–	–	–	–
합 계	430		₩65,400	300	300		₩42,600

② 기말재고자산 = 당기판매가능액 – 매출원가
= ₩65,400 – ₩42,600
= ₩22,800

매출총이익 = 매출액 – 매출원가
= ₩60,000* – ₩42,600
= ₩17,400

* (80개 + 90개 + 130개) × @200 = ₩60,000

2. 후입선출법에 따른 매출원가와 기말재고자산(계속기록법)

구분	당기판매가능액			판매	① 매출원가		
	수량	단가	금액	수량	수량	단가	금액
기초재고(7/1)	120	₩130	₩15,600	–	–	–	–
매 입(7/6)	200	150	30,000	190	190	₩150	₩28,500
매 입(7/14)	110	180	19,800	110	110	180	19,800
합 계	430		₩65,400	300	300		₩48,300

② 기말재고자산 = 당기판매가능액 – 매출원가
= ₩65,400 – ₩48,300
= ₩17,100

매출총이익 = 매출액 – 매출원가
= ₩60,000 – ₩48,300
= ₩11,700

[문제 4] 재고자산의 단위원가 결정(3) 〈난이도: 중〉

1. 실지재고조사법

총평균단가	기말재고자산	매출원가
(₩30,000 + ₩24,000 + ₩39,600) ÷ (150개 + 100개 + 150개) = ₩234	240개 × ₩234 = ₩56,160	(₩30,000 + ₩24,000 + ₩39,600) − ₩56,160 = ₩37,440

2. 계속기록법

일자	매입	매출원가	재고자산	평균단가
5.1			150 @₩200	
5.9	100 @₩240		250 @₩216	(150개 × @200 + 100개 × @240)/250개 = ₩216
5.16		(160 @₩216) 34,560	90 @₩216	
5.25	150 @₩264		240 @₩246	(90개 × @216 + 150개 × @264)/240개 = ₩246
매출원가 : ₩34,560 기말재고자산 : ₩59,040				

[문제 5] 재고자산의 단위원가 결정(4) 〈난이도: 상〉

1. 당기판매가능액

= (100개×@210 + 300개×@240 + 200개×@250 + 300개×@280 + 100개×@300)

= ₩257,000

2. (1) 선입선출법

기말재고 = (100개×@300 + 100개×@280) = ₩58,000

매출원가 = ₩257,000 − ₩58,000 = ₩199,000

(2) 후입선출법

기말재고 = (100개×@210 + 100개×@240) = ₩45,000

매출원가 = ₩257,000 − ₩45,000 = ₩212,000

(3) 총평균법

총평균단가 = ₩257,000 ÷ 1,000개 = @257

기말재고 = 200개 × @257 = ₩51,400

매출원가 = ₩257,000 − ₩51,400 = ₩205,600

3. 선입선출법

물가가 상승(매입단가가 상승)하는 추세이므로 경영자가 선입선출법을 적용하면 매출원가가 적게 보고되어 당기순이익이 크게 보고된다.

[문제 6] 재고자산의 단위원가 결정(5) 〈난이도: 중〉

1.

(1) 선입선출법

일자	당기매입	매출원가	재고자산 구성	
7/1	(400 @₩90) ₩36,000		(400 @₩90)	₩36,000
7/6		(300 @₩90) ₩27,000	(100 @₩90)	₩9,000
7/11	(500 @₩120) ₩60,000		(100 @₩90) (500 @₩120)	₩69,000
7/14		(100 @₩90) (100 @₩120) ₩21,000	(400 @₩120)	₩48,000
7/21	(500 @₩133) ₩66,500		(400 @₩120) (500 @₩133)	₩114,500
7/27		(400 @₩120) (100 @₩133) ₩61,300	(400 @₩133)	₩53,200

기말재고자산 : ₩53,200, 매출원가 : ₩109,300(=₩27,000+₩21,000+₩61,300)

(2) 후입선출법

일자	당기매입	매출원가	재고자산 구성	
7/1	(400 @₩90) ₩36,000		(400 @₩90)	₩36,000
7/6		(300 @₩90) ₩27,000	(100 @₩90)	₩9,000
7/11	(500 @₩120) ₩60,000		(100 @₩90) (500 @₩120)	₩69,000
7/14		(200 @₩120) ₩24,000	(100 @₩90) (300 @₩120)	₩45,000
7/21	(500 @₩133) ₩66,500		(100 @₩90) (300 @₩120) (500 @₩133)	₩111,500
7/27		(500 @₩133) ₩66,500	(100 @₩90) (300 @₩120)	₩45,000

기말재고자산 : ₩45,000, 매출원가 : ₩117,500(=₩27,000+₩24,000+₩66,500)

(3) 이동평균법

일자	당기매입	매출원가	재고자산 구성	
7/1	(400 @₩90) ₩36,000		(400 @₩90)	₩36,000
7/6		(300 @₩90) ₩27,000	(100 @₩90)	₩9,000
7/11	(500 @₩120) ₩60,000		(600 @₩115[1])	₩69,000
7/14		(200 @₩115) ₩23,000	(400 @₩115)	₩46,000
7/21	(500 @₩133) ₩66,500		(900 @₩125[2])	₩112,500
7/27		(500 @₩125) ₩62,500	(400 @₩125)	₩50,000

1) ₩69,000 ÷ 600개 = ₩115　　2) ₩112,500 ÷ 900개 = ₩125

기말재고자산 : ₩50,000, 매출원가 : ₩112,500(=₩27,000+₩23,000+₩62,500)

2. 선입선출법을 적용하였을 경우의 기말재고자산이 ₩53,200으로 가장 크다.

[문제 7] 저가법(1) 〈난이도: 상〉

1.

A상품	= 500개 × @(230 - 200)	= ₩15,000
C상품	= 150개 × @(162 - 160)	= 300
재고자산평가손실		= ₩15,300

2. 재고자산평가손실 수정분개 :

(차) 재고자산평가손실 15,300 (대) 재고자산평가충당금 15,300
(또는 매출원가)

3. 매출원가 = 기초재고 + 당기매입 - 기말재고 + 재고자산평가손실
= ₩150,000 + ₩100,000 - ₩193,300* + ₩15,300 = ₩72,000

* (A 500개 × @230 + B 300개 × @180 + C 150개 × @162) = ₩193,300

[문제 8] 저가법(2) 〈난이도: 중〉

1. 항목별 기준

A상품	= 70개 × @170	= ₩11,900
B상품	= 80개 × @150	= 12,000
C상품	= 100개 × @110	= 11,000
D상품	= 150개 × @150	= 22,500
기말재고자산 금액		= ₩57,400

2. 종목별 기준

분류	원가	순실현가능가치	기말재고자산
컴퓨터	70개×@200+80개×@150=₩26,000	70개×@170+80개×@165=₩25,100	₩25,100
키보드	100개×@120+150개×@150=₩34,500	100개×@110+150개×@165=₩35,750	34,500
기말재고자산 금액			= ₩59,600

[문제 9] 소매재고법 〈난이도: 하〉

1. 기말재고자산(소매가) = ₩90,000(기초재고) + ₩380,000(순매입액) - ₩385,000(순매출액)
= ₩85,000

2. 원가율 $= \frac{(₩65,000 + ₩264,000)}{(₩90,000 + ₩380,000)} = 70\%$

3. 기말재고자산(원가) = 기말재고자산(소매가) × 원가율 = ₩85,000 × 70% = ₩59,500
   매출원가 = ₩65,000 + ₩264,000 − ₩59,500 = ₩269,500

[문제 10] 매출총이익률법 〈난이도: 상〉

1. 순매입액 = ₩128,000 − ₩3,000 − ₩4,000 = ₩121,000
2. 매출원가 추정액 = 순매출액 × (1 − 매출총이익률)
   = (₩182,000 − ₩17,000) × (1 − 0.4) = ₩99,000

제 7 장
현금과 내부통제

객관식

[문제 1] 〈난이도: 하〉

정답: ②

현금및현금성자산 = 보통예금 ₩5,000 + 당좌예금 ₩20,000 + 타인발행수표 ₩50,000
= ₩75,000

참고) 당좌개설보증금은 사용이 제한되어 있는 예금으로 장기금융상품에 해당하며, 당좌예금거래 계약을 해지할 때까지 찾을 수 없다.

[문제 2] 〈난이도: 중〉

정답: ②

현금및현금성자산 = 타인발행수표 ₩10,000 + 우편환증서 ₩26,000 + 자기앞수표 ₩25,000
+ 배당금지급통지표 ₩45,000 + 외국환 통화 ₩22,000($20 × ₩1,100)
= ₩128,000

참고) 양도성예금증서는 취득일(20×1년 12월 1일)로부터 만기일(20×2년 3월 20일)이 3개월 이내가 아니기 때문에 현금성자산으로 분류할 수 없다. 외국환 통화의 경우 언제든지 원화로 환전할 수 있기 때문에 현금으로 분류된다.

[문제 3] 〈난이도: 중〉

정답: ②

한국㈜의 장부상 잔액 ₩90,000 − 미통지출금(전기요금) ₩15,000 − 부도수표 ₩20,000
= ₩55,000

[문제 4] 〈난이도: 하〉

정답: ④

결산일까지 원인파악이 불가능한 경우 잡이익(기타수익) 또는 잡손실(기타비용)로 대체해야 한다.

[문제 5] 〈난이도: 중〉

정답: ③

기초 당좌예금 잔액 ₩500,000 − 상품 매입대금 ₩1,000,000 + 상품 판매대금 ₩200,000 = (₩300,000)

따라서 기말 시점의 당좌차월 금액은 ₩300,000이 된다.

주관식

[문제 1] 현금및현금성자산(1) 〈난이도: 중〉

현금및현금성자산

= 지폐와 동전 ₩40,000 + 배당금지급통지표 ₩65,000 + 타인발행수표 ₩130,000 + 만기가 도래한 국채이자표 ₩87,000 + 환매채 ₩160,000 + 우편환증서 ₩210,000 = ₩692,000

* 정기적금(1년 이내 만기도래) ₩500,000: 단기금융상품, 직원가불금 ₩130,000: 대여금, 수입인지 ₩6,000: 소모품, 우표 ₩4,000: 소모품, 선일자수표 ₩200,000: 매출채권, 당좌개설보증금 ₩100,000: 장기금융상품

[문제 2] 현금및현금성자산(2) 〈난이도: 상〉

현금및현금성자산

= 지폐와 동전 ₩100,000 + 보통예금 ₩370,000 + 당좌예금(A은행) ₩340,000 + 우편환증서 ₩70,000 + 배당금지급통지표 ₩110,000 + 환매채 ₩200,000 + 타인발행당좌수표 ₩300,000 + 만기가 도래한 국채이자표 ₩60,000 = ₩1,550,000

* 당좌차월(B은행) ₩140,000: 단기차입금, 당좌개설보증금 ₩150,000: 장기금융상품, 정기예금(1년 만기) ₩2,000,000: 단기금융상품, 정기적금(1년 만기) ₩1,500,000: 단기금융상품, 양도성예금증서(120일 만기) ₩500,000: 단기금융상품, 직원가불금 ₩120,000: 대여금, 우표 ₩20,000: 소모품, 수입인지 ₩30,000: 소모품

[문제 3] 내부통제(1) 〈난이도: 중〉

1. (1) 지정된 직원(현금출납원)이 현금수취를 처리하지 않고 있음 : 책임의 설정
   (2) 현금을 금고나 은행이 아닌 잠기지 않는 책상 서랍에 보관하고 있음 : 물리적 · 기계적 · 전자적 통제
   (3) 각 직원이 현금수취액을 계산하고 금전등록기 총액으로 조정하고 있음 : 독립적인 내부검증
   (4) 같은 직원이 현금수취 기록과 현금보유를 담당하고 있음 : 업무의 분장
   (5) 현금출납원이 휴가를 가지 않고 있음 : 기타의 통제
2. (1) 지정된 직원(현금출납원)만이 현금수취 처리를 하도록 개선하여야 함.
   (2) 현금을 회사 금고 또는 은행에 보관하도록 함.
   (3) 재무담당자가 현금수취 총액을 은행예금과 비교하여 독립적인 내부검증이 이루어지도록 함.

(4) 현금수취 및 기록, 현금보유를 서로 다른 직원이 담당하도록 함.
(5) 종업원에게 휴가를 주어 그 기간 동안 다른 종업원으로 하여금 해당 업무를 수행하도록 함.

[문제 4] 내부통제(2) 〈난이도: 중〉

1. (1) 수표를 발행하는 권한을 구매직원과 재무담당자가 모두 가지고 있는 점
   (2) 수표에 미리 번호를 매기지 않고 있는 점
   (3) 미발행수표를 잠금장치가 없는 캐비닛에 보관하고 있는 점
   (4) 재무담당자가 현금지출 분개에 수표를 기록하고 있는 점

2. (1) 지정된 직원(재무담당자)만이 수표에 서명할 수 있는 권한을 부여하도록 한다(책임의 설정).
   (2) 사전 번호가 기입된 수표를 사용하고 이에 대한 사용내역을 보고하도록 한다(문서화).
   (3) 접근이 제한된 회사 금고에 미발행수표를 보관하도록 한다(물리적 · 기계적 · 전자적 통제).
   (4) 수표 서명자는 지출을 기록하지 않도록 한다(업무의 분장).

[문제 5] 은행계정조정표(1) 〈난이도: 하〉

1.

은행계정조정표

20×1년 7월 31일

강남㈜ (단위 : 원)

회사측 장부상 잔액		₩255,000	**은행측 수정전 잔액**		₩254,000
가산 :			가산 :		
매출채권 ₩30,000과 이자 ₩3,000을 회수, 추심수수료 ₩1,000 차감	₩32,000	32,000	미기록예금	₩52,000	52,000
차감 :			차감 :		
은행수수료 부과	₩1,000	(1,000)	기발행미인출수표	₩20,000	(20,000)
조정된 장부상 잔액		**₩286,000**	**조정된 은행측 잔액**		**₩286,000**

2. 7월 31일	(차) 당좌예금	32,000	(대) 매출채권	30,000
	수수료비용	1,000	이자수익	3,000
	(차) 수수료비용	1,000	(대) 당좌예금	1,000

[문제 6] 은행계정조정표(2) 〈난이도: 중〉

1.

은행계정조정표

20×1년 5월 31일

강서㈜ (단위 : 원)

회사측 장부상 잔액		₩678,000	**은행측 수정전 잔액**		₩681,000
가산:			가산:		
매출채권 ₩200,000과			미기록예금	₩94,000	
이자 ₩8,000을 회수, 추			은행측 오류	60,000	154,000
심수수료 ₩2,000 차감	₩206,000	206,000			
차감:			차감:		
은행수수료 부과	₩4,000				
회사측 오류(입금)	1,000				
회사측 오류(출금)	3,000				
부도수표	92,000	(100,000)	기발행미인출수표	₩51,000	(51,000)
조정된 장부상 잔액		**₩784,000**	**조정된 은행측 잔액**		**₩784,000**

2.

(1)	(차) 수수료비용	4,000	(대) 당좌예금	4,000
(2)	(차) 매 출	1,000	(대) 당좌예금	1,000
(4)	(차) 매입채무	3,000	(대) 당좌예금	3,000
(5)	(차) 당좌예금	206,000	(대) 매출채권	200,000
	수수료비용	2,000	이자수익	8,000
(7)	(차) 매출채권	92,000	(대) 당좌예금	92,000

[문제 7] 은행계정조정표(3) 〈난이도: 상〉

1.

은행계정조정표

20×1년 8월 31일

한국㈜ (단위 : 원)

회사측 장부상 잔액		₩203,000	**은행측 수정전 잔액**		₩260,000
가산:			가산:		
미통지예금	₩69,000				
이자	1,000		미기록예금[1]	₩79,000	
오류(4,000 − 2,000)	2,000	72,000	은행측 오류	1,000	80,000
차감:			차감:		
은행수수료	₩2,000	(2,000)	미결제수표[2]	₩67,000	(67,000)
조정된 장부상 잔액		**₩273,000**	**조정된 은행측 잔액**		**₩273,000**

1) 미기록예금 = 회사가 입금한 금액 − 은행이 기록한 입금
= ₩770,000 − (₩731,000 − ₩40,000) = ₩79,000

2) 미결제수표 = 회사가 결제한 수표 − 은행이 결제한 수표
= ₩736,000 − {(₩715,000 − ₩45,000) − ₩1,000(은행측 오류)} = ₩67,000

2. 수정분개

8월 31일	(차)	당좌예금	69,000	(대)	매출채권	69,000
	(차)	당좌예금	1,000	(대)	이자수익	1,000
	(차)	당좌예금	2,000	(대)	매출채권	2,000
	(차)	수수료비용	2,000	(대)	당좌예금	2,000

[문제 8] 소액현금제도(1) 〈난이도: 하〉

5월 1일	(차)	소액현금	100,000	(대)	당좌예금	100,000
6월 1일	(차)	배송료	32,000	(대)	소액현금	96,000
		우편료	39,000			
		잡손실	25,000			
	(차)	소액현금	96,000	(대)	당좌예금	96,000
7월 1일	(차)	배송료	21,000	(대)	소액현금	97,000
		우편료	51,000			
		잡손실	25,000			
	(차)	소액현금	97,000	(대)	당좌예금	97,000
7월 10일	(차)	소액현금	50,000	(대)	당좌예금	50,000

[문제 9] 소액현금제도(2) 〈난이도: 중〉

1. 회계처리

11월 1일	(차)	소액현금	200,000	(대)	당좌예금	200,000
11월 30일	(차)	배송료	95,000	(대)	당좌예금	195,000
		우편료	50,000			
		소모품비	45,000			
		현금과부족	5,000			
12월 1일	(차)	소액현금	100,000	(대)	당좌예금	100,000
12월 31일	(차)	우편료	145,000	(대)	당좌예금	281,000
		소모품비	90,000			
		배송료	45,000			
		현금과부족	1,000			
	(차)	잡손실	6,000	(대)	현금과부족	6,000

2. 전기

소액현금

11/1	200,000	
12/1	100,000	

제 8 장
수취채권

객관식

[문제 1] 〈난이도: 하〉

정답: ③

20×2년 말 수정분개 직전에 손실충당금 = ₩35,000 − ₩13,000 = ₩22,000

20×2년 말 설정되어야 하는 손실충당금 = ₩900,000 × 5% = ₩45,000

따라서 20×2년 말 추가로 인식해야 하는 손상차손 = ₩45,000 − ₩22,000 = ₩23,000

참고) 20×2년도의 회계처리

20×2년 중	(차)	손실충당금	13,000	(대)	매출채권	13,000
20×2년 말	(차)	손상차손	23,000	(대)	손실충당금	23,000

[문제 2] 〈난이도: 상〉

정답: ①

20×1년 말 수정분개 직전에 손실충당금 = ₩2,500 − ₩1,000 = ₩1,500

20×1년 말 설정되어야 하는 손실충당금 = ₩1,380

따라서 수정분개 직전에 손실충당금이 초과로 설정되어 있으므로 손상환입을 인식해야 함.

20×2년 말	(차)	손실충당금	120*	(대)	손상환입	120

* ₩1,500 − ₩1,380 = ₩120

참고) 20×1년 말 매출채권의 연령분석표

연체기간	금 액	기대신용손실률	기대신용손실
연체되지 않음	₩120,000	0.4%	₩480
1일 ~ 60일	25,000	2.0%	500
61일 이상	5,000	8.0%	400
합 계	₩150,000		₩1,380

[문제 3] 〈난이도: 중〉

정답: ⑤

손상차손=20×1년 중 손실충당금을 초과한 대손발생 ₩10,000+20×1년 말 손실충당금 설정 ₩5,000=₩15,000

참고) 20×1년도의 회계처리

20×1년 중	(차)	손실충당금	50,000	(대)	매출채권	60,000
		손상차손	10,000			
20×1년 말	(차)	손상차손	5,000	(대)	손실충당금	5,000

[문제 4] 〈난이도: 하〉

정답: ④

매출채권회전율 = 매출액÷평균 순매출채권 = ₩900,000÷₩300,000 = 3(회)

매출채권 평균회수기간 = 360일÷매출채권회전율 = 360일÷3(회) = 120일

[문제 5] 〈난이도: 상〉

정답: ⑤

매출채권회전율 = 매출액÷평균 순매출채권 = 매출액÷₩600,000 = 5(회)

매출액 = ₩3,000,000

매출원가 = 매출액 × (1－매출총이익률) = ₩3,000,000 × 70% = ₩2,100,000

기말재고 = 당기판매가능상품－매출원가 = ₩2,650,000－₩2,100,000 = ₩550,000

따라서 화재로 소실된 상품 추정액 = ₩550,000

주관식

[문제 1] 수취채권 〈난이도: 하〉

(1) 매출채권

(2) 미수금

(3) 대여금

[문제 2] 매출, 매출환입 및 에누리, 매출할인 〈난이도: 중〉

1. 회계처리

3월 1일	(차)	매출채권	200,000	(대)	매 출	200,000
		운반비	5,000		현 금	5,000

3월 4일	(차) 현 금	80,000	(대) 매 출	80,000
3월 10일	(차) 매출환입및에누리	10,000	(대) 매출채권	10,000
3월 14일	(차) 현 금	97,000	(대) 매출채권	100,000
	매출할인	3,000		
3월 20일	(차) 매출환입및에누리	2,000	(대) 현 금	2,000
3월 30일	(차) 현 금	90,000	(대) 매출채권	90,000

2. 순매출액 : ₩200,000(외상판매) + ₩80,000(현금판매) − ₩15,000(매출할인, 매출환입및에누리)
= ₩265,000

참고) 매출 시 발생한 운반비는 매출액에서 차감하는 것이 아니라 별도의 비용으로 회계처리한다.

[문제 3] 매출채권의 손상(1) 〈난이도: 중〉

1. (1) 3월 10일 (차) 손실충당금 50,000 (대) 매출채권 60,000
손상차손 10,000
6월 15일 (차) 현 금 35,000 (대) 손실충당금 35,000

(2) 결산수정분개전 손실충당금 잔액 = ₩50,000(전기이월) − ₩50,000(3월 10일 감소)
+ ₩35,000(6월 15일 증가) = ₩35,000

2. 12월 31일 (차) 손상차손* 65,000 (대) 손실충당금 65,000

* 손상차손 = ₩100,000 − ₩35,000 = ₩65,000

[문제 4] 매출채권의 손상(2) 〈난이도: 중〉

1. 20×2년 중 매출채권 ₩30,000 대손확정

1) 20×1년 말
(차) 손상차손 40,000 (대) 손실충당금 40,000

2) 20×2년 대손확정
(차) 손실충당금 30,000 (대) 매출채권 30,000

3) 20×2년 말
(차) 손상차손 90,000 (대) 손실충당금 90,000*

* ₩100,000 − (₩40,000 − ₩30,000) = ₩90,000

2. 20×2년 중 매출채권 ₩70,000 대손확정

1) 20×1년 말
(차) 손상차손 40,000 (대) 손실충당금 40,000

2) 20×2년 대손확정
(차) 손실충당금 40,000 (대) 매출채권 70,000
손상차손 30,000

3) 20×2년 말

(차)	손상차손	100,000	(대) 손실충당금	100,000

[문제 5] 매출채권의 손상(3) 〈난이도: 상〉

1. (1)

4월 30일	(차)	손실충당금	50,000	(대)	매출채권	70,000
		손상차손	20,000			
7월 31일	(차)	현　금	20,000	(대)	손실충당금	20,000
11월 30일	(차)	현　금	10,000	(대)	손실충당금	10,000
12월 31일	(차)	손상차손*	56,000	(대)	손실충당금	56,000

* (₩800,000 × 2% + ₩400,000 × 5% + ₩200,000 × 10% + ₩100,000 × 30%) − (₩20,000 + ₩10,000) = ₩86,000 − ₩30,000 = ₩56,000

(2) 손상차손 : ₩20,000 + ₩56,000 = ₩76,000

(3) 매출채권 순실현가능가치 : ₩1,500,000 − ₩86,000 = ₩1,414,000

2. (1)

4월 30일	(차)	손실충당금	50,000	(대)	매출채권	70,000
		손상차손	20,000			
7월 31일	(차)	현　금	20,000	(대)	손실충당금	20,000
11월 30일	(차)	현　금	10,000	(대)	손실충당금	10,000
12월 31일	(차)	손상차손*	60,000	(대)	손실충당금	60,000

* (₩1,500,000 × 6%) − (₩20,000 + ₩10,000) = ₩60,000

(2) 손상차손 : ₩20,000 + ₩60,000 = ₩80,000

[문제 6] 매출채권의 양도 〈난이도: 하〉

5월 31일	(차)	현　금	679,000	(대)	매출채권	700,000
		매출채권처분손실[1)]	21,00			
6월 30일	(차)	현　금	1,455,000	(대)	매　출	1,500,000
		매출채권처분손실[2)]	45,000			

1) ₩700,000 × 3% = ₩21,000　　2) ₩1,500,000 × 3% = ₩45,000

[문제 7] 어음(1) 〈난이도: 하〉

	발행일	기간	만기일	액면금액	이자율/연	이자총액
(1)	4월 1일	60일	① 5월 31일	₩600,000	9%	⑤ ₩9,000
(2)	7월 2일	30일	② 8월 1일	90,000	④ 8%	₩600
(3)	3월 7일	90일	③ 6월 5일	120,000	10%	⑥ ₩3,000

[문제 8] 어음(2) 〈난이도: 중〉

1.

11월 1일	(차)	단기대여금	150,000	(대)	현 금	150,000
12월 11일	(차)	매출채권	67,500	(대)	매 출	67,500
12월 16일	(차)	매출채권	40,000	(대)	매 출	40,000
12월 31일	(차)	미수이자	2,950	(대)	이자수익*	2,950

* $₩150,000 \times 10\% \times \frac{2}{12}(=₩2,500) + ₩67,500 \times 8\% \times \frac{20}{360}(=₩300) + ₩40,000 \times 9\% \times \frac{15}{360}(=₩150)$
$= ₩2,950$

2.

20×2.11.1 (만기일)	(차)	현 금	165,000	(대)	단기대여금	150,000
					미수이자	2,500
					이자수익*	12,500

* $₩150,000 \times 10\% \times \frac{10}{12} = ₩12,500$

[문제 9] 어음(3) 〈난이도: 중〉

1. 2.

7월 15일	(차)	현 금	6,100	(대)	매출채권	6,000
					미수이자1)	75
					이자수익2)	25
7월 24일	(차)	부도어음	25,375	(대)	매출채권	25,000
					미수이자3)	225
					이자수익4)	150
7월 31일	(차)	미수이자5)	100	(대)	이자수익	100

1) $₩6,000 \times 10\% \times \frac{45}{360} = ₩75$

2) $₩6,000 \times 10\% \times \frac{15}{360} = ₩25$

3) $₩25,000 \times 9\% \times \frac{36}{360} = ₩225$

4) $₩25,000 \times 9\% \times \frac{24}{360} = ₩150$

5) $₩15,000 \times 8\% \times \frac{1}{12} = ₩100$

[문제 10] 어음(4) 〈난이도: 중〉

2월 2일	(차)	매출채권	6,000	(대)	매 출	6,000
4월 5일	(차)	매출채권	4,000	(대)	매 출	4,000
6월 2일	(차)	현 금	6,200	(대)	매출채권	6,000
					이자수익[1)]	200
7월 5일	(차)	부도어음	4,080	(대)	매출채권	4,000
					이자수익[2)]	80
7월 15일	(차)	매출채권	7,000	(대)	매 출	7,000
10월 15일	(차)	손실충당금	4,000	(대)	매출채권	7,000
		손상차손	3,210		이자수익[3)]	210

1) $₩6,000 \times 10\% \times \frac{4}{12} = ₩200$ 2) $₩4,000 \times 8\% \times \frac{3}{12} = ₩80$

3) $₩7,000 \times 12\% \times \frac{3}{12} = ₩210$

[문제 11] 재무제표 분석 〈난이도: 하〉

1.

매출채권 기초잔액	₩100,000
순매출액	1,000,000
현금회수액	(900,000)
손실충당금	(50,000)
매출채권 기말순실현가능가치	₩150,000

2. ₩1,000,000 ÷ [(₩100,000 + ₩150,000) ÷ 2] = 8회
3. 360일 ÷ 8회 = 45일

제 9 장
유형자산과 무형자산

객관식

[문제 1] 〈난이도: 중〉

정답: ⑤

[문제 2] 〈난이도: 하〉

정답: ②

20×1년 말 기계장치의 장부금액 = ₩200,000(취득원가) − ₩40,000(20×1년 말 감가상각누계액)
= ₩160,000

[문제 3] 〈난이도: 상〉

정답: ①

20×5년도 차량의 장부금액 = ₩500,000(취득원가) − ₩150,000(20×5년 말 감가상각누계액)*
= ₩350,000

* 20×5년도 감가상각비 및 감가상각누계액 = (₩500,000 − ₩50,000) × 5/15 = ₩150,000

20×6년도 감가상각비 = ₩350,000(20×6년 기초의 장부금액) − ₩20,000(잔존가치)) × 1/3
= ₩110,000

[문제 4] 〈난이도: 중〉

정답: ④

20×5년 말 기계장치의 감가상각비 및 감가상각누계액 = (₩1,200,000 − ₩0) × 5/15 × 9/12
= ₩300,000

20×6년도 기계장치의 감가상각비 = (₩1,200,000 − ₩0) × 5/15 × 3/12 + (₩1,200,000 − ₩0) × 4/15 × 9/12 = ₩340,000

20×6년 말 기계장치의 감가상각누계액 = ₩300,000 + ₩340,000 = ₩640,000

[문제 5] 〈난이도: 중〉

정답: ③

20×1년 말 회수가능금액 = MAX[₩150,000(순공정가치), ₩135,000] = ₩150,000
20×1년도 손상차손 = ₩225,000 − ₩150,000 = ₩75,000

주관식

[문제 1] 유형자산의 취득원가(1) 〈난이도: 하〉

토지의 취득원가 = ₩100,000(토지 구입대금) + ₩3,500(기존건물 철거비) − ₩1,000(폐자재 판매대금) + ₩1,500(토지 구입수수료) + ₩5,500(토지 중개수수료)
= ₩109,500

* 주차장 건설 지출액 ₩22,000은 구축물(주차장) 계정이다.

[문제 2] 유형자산의 취득원가(2) 〈난이도: 중〉

번 호	토지	건물	기타 계정
(1) 토지 취득세	₩10,000		
(2) 취득 이후 지급한 재산세			₩15,000(비용)
(3) 건물 공사원가		₩1,000,000	
(4) 토지정지비용	30,000		
(5) 토지 구입비용	500,000		
(6) 포장공사비 및 상·하수도 공사비			18,000(구축물)
(7) 건물 설계비		9,000	
(8) 울타리 및 주차장 공사비			12,000(구축물)
(9) 기존 건물 해체비용	27,000		
(10) 폐자재 매각수입	(3,000)		

[문제 3] 감가상각(1) 〈난이도: 하〉

1. 정액법

(1)

연도	계산근거	감가상각비
20×1년	(100,000 − 8,000) × 1/8 =	₩11,500
20×2년	(100,000 − 8,000) × 1/8 =	11,500

(2)

20×1년 : (차) 감가상각비 11,500 (대) 감가상각누계액 11,500
20×2년 : (차) 감가상각비 11,500 (대) 감가상각누계액 11,500

2. 생산량비례법

(1)

연도	계산근거	감가상각비
20×1년	(100,000 − 8,000)/200,000km × 30,000km =	₩13,800
20×2년	(100,000 − 8,000)/200,000km × 24,000km =	11,040

(2)

20×1년 :	(차)	감가상각비	13,800	(대)	감가상각누계액	13,800
20×2년 :	(차)	감가상각비	11,040	(대)	감가상각누계액	11,040

3. 정률법

(1)

연도	계산근거	감가상각비
20×1년	100,000 × 0.271 =	₩27,100
20×2년	(100,000 − 27,100) × 0.271 =	19,756

(2)

20×1년 :	(차)	감가상각비	27,100	(대)	감가상각누계액	27,100
20×2년 :	(차)	감가상각비	19,756	(대)	감가상각누계액	19,756

4. 연수합계법

(1)

연도	계산근거	감가상각비
20×1년	(100,000 − 8,000) × 8/36 =	₩20,444
20×2년	(100,000 − 8,000) × 7/36 =	17,889

(2)

20×1년 :	(차)	감가상각비	20,444	(대)	감가상각누계액	20,444
20×2년 :	(차)	감가상각비	17,889	(대)	감가상각누계액	17,889

[문제 4] 감가상각(2) 〈난이도: 중〉

1.

(1)	(차)	기 계[1)]	98,000	(대)	현 금	98,000
(2)	(차)	감가상각비[2)]	5,500	(대)	감가상각누계액	5,500

1) 기계 구입비용 = ₩97,400(구입가격) + ₩350(운송비) + ₩150(운송보험료) + ₩100(설치비 등)
= ₩98,000

2) $(₩98,000 - ₩10,000) \times \frac{1}{8} \times \frac{6}{12} = ₩5,500$

2. (1) 정액법

연도	계산근거	감가상각비
20×1년	$(240,000 - 16,000) \times \frac{1}{4} \times \frac{6}{12} =$	₩28,000
20×2년	$(240,000 - 16,000) \times \frac{1}{4} =$	56,000
20×3년	$(240,000 - 16,000) \times \frac{1}{4} =$	56,000
20×4년	$(240,000 - 16,000) \times \frac{1}{4} =$	56,000
20×5년	$(240,000 - 16,000) \times \frac{1}{4} \times \frac{6}{12} =$	28,000

(2) 정률법

연도	계산근거	감가상각비
20×1년	$240,000 \times 0.492 \times \frac{6}{12}$	₩59,040
20×2년	(240,000 − 59,040) × 0.492	89,032
20×3년	(240,000 − 59,040 − 89,032) × 0.492	45,228
20×4년	(240,000 − 59,040 − 89,032 − 45,228) × 0.492	22,976
20×5년	(240,000 − 59,040 − 89,032 − 45,228 − 22,976 −16,000)	7,724

(3) 생산량비례법

연도	계산근거	감가상각비
20×1년	(240,000 − 16,000) / 25,000단위 × 4,000단위	₩35,840
20×2년	(240,000 − 16,000) / 25,000단위 × 7,500단위	67,200
20×3년	(240,000 − 16,000) / 25,000단위 × 6,000단위	53,760
20×4년	(240,000 − 16,000) / 25,000단위 × 5,000단위	44,800
20×5년	(240,000 − 16,000) / 25,000단위 × 2,500단위	22,400

[문제 5] 자본적 지출과 수익적 지출 〈난이도: 하〉

3월 9일 :	(차)	건 물	2,000,000	(대)	당좌예금	2,000,000
6월 7일 :	(차)	수선유지비	300,000	(대)	현 금	300,000
9월 5일 :	(차)	감가상각누계액	400,000	(대)	기계장치	600,000
		유형자산처분손실	200,000			
	(차)	기계장치	700,000	(대)	현 금	700,000

[문제 6] 유형자산의 제거(1) 〈난이도: 하〉

1.

연도	계산근거	감가상각비
20×1	$(531,000-63,000)\times\frac{1}{8}=$	₩58,500
20×2	$(531,000-63,000)\times\frac{1}{8}=$	58,500
20×3	$(531,000-63,000)\times\frac{1}{8}=$	58,500

2. ₩531,000 − (₩58,500×3) = ₩355,500

3. (1) 20×4년 3개월분 감가상각비 계상

(차) 감가상각비	14,625[1]	(대) 감가상각누계액	14,625

1) $(₩531,000-₩63,000)\times\frac{1}{8}\times\frac{3}{12}=₩14,625$

(2) 처분에 대한 분개

(차) 현 금	337,000	(대) 기계장치	531,000
감가상각누계액[2]	190,125		
유형자산처분손실	3,875		

2) (₩58,500×3) + ₩14,625 = ₩190,125

4. (1) 20×4년 3개월분 감가상각비 계상

(차) 감가상각비	14,625[1]	(대) 감가상각누계액	14,625

1) $(₩531,000-₩63,000)\times\frac{1}{8}\times\frac{3}{12}=₩14,625$

(2) 처분에 대한 분개

(차) 현 금	360,000	(대) 기계장치	531,000
감가상각누계액[2]	190,125	유형자산처분이익	19,125

2) (₩58,500×3) + ₩14,625 = ₩190,125

[문제 7] 유형자산의 제거(2) 〈난이도: 중〉

1. (1) 정액법

연도	감가상각비	감가상각누계액	기말 장부금액
20×1년	₩66,600[1]	₩66,600	₩221,400
20×2년	66,600	133,200	154,800
20×3년	66,600	199,800	88,200
20×4년	66,600	266,400	21,600

1) $(₩288,000-₩21,600)\times\frac{1}{4}=₩66,600$

(2) 정률법

연도	감가상각비	감가상각누계액	기말 장부금액
20×1년	₩144,000	₩144,000	₩144,000
20×2년	72,000	216,000	72,000
20×3년	36,000	252,000	36,000
20×4년	14,400[2)]	266,400	21,600

2) 잔존가치에 맞도록 ₩18,000을 ₩14,400으로 조정

$$상각률 = 1 - \sqrt[4]{\frac{21,600}{288,000}} = 0.47668 = 0.50$$

2. (차) 현 금 39,500 (대) 기계장치 288,000
감가상각누계액[3)] 252,000 유형자산처분이익 3,500

3) ₩144,000 + ₩72,000 + ₩36,000

3. (차) 현 금 29,800 (대) 기계장치 288,000
감가상각누계액[3)] 252,000
유형자산처분손실 6,200

3) ₩144,000 + ₩72,000 + ₩36,000

[문제 8] 유형자산의 제거(3) 〈난이도: 상〉

1.

2월 12일 :	(차)	토 지	4,400,000	(대)	현 금	4,400,000
5월 1일 :	(차)	감가상각비[1)]	80,000	(대)	감가상각누계액	80,000
	(차)	현 금	320,000	(대)	기계장치	1,200,000
		감가상각누계액[2)]	800,000			
		유형자산처분손실	80,000			
7월 5일 :	(차)	현 금	3,600,000	(대)	토 지	1,200,000
					유형자산처분이익	2,400,000
9월 1일 :	(차)	기계장치	3,600,000	(대)	현 금	3,600,000
12월 31일 :	(차)	감가상각비[3)]	200,000	(대)	감가상각누계액	200,000
		감가상각누계액[4)]	600,000		기계장치	1,000,000
		유형자산처분손실	400,000			

1) $₩1,200,000 \times \frac{1}{5} \times \frac{4}{12}$ = ₩80,000

2) $₩1,200,000 \times \frac{1}{5} \times 3$년 + ₩80,000(20×3년 1월~4월) = ₩800,000

3) ₩1,000,000 × $\frac{1}{5}$ = ₩200,000

4) ₩1,000,000 × $\frac{1}{5}$ × 3년 = ₩600,000

2. (1) 건물의 감가상각비 = ₩26,500,000 × $\frac{1}{20}$ = ₩1,325,000

(2) 기계장치의 감가상각비 = 8,080,000*

* (₩40,000,000 − ₩1,200,000 − ₩1,000,000) × $\frac{1}{5}$	=	₩7,560,000
₩1,200,000 × $\frac{1}{5}$ × $\frac{4}{12}$	=	80,000
₩3,600,000 × $\frac{1}{5}$ × $\frac{4}{12}$	=	240,000
₩1,000,000 × $\frac{1}{5}$	=	200,000
		₩8,080,000

[문제 9] 유형자산의 손상 〈난이도: 중〉

1. 20×1년 말 손상차손 : 장부금액 − 회수가능액 = ₩240,000[1] − ₩216,000[2] = ₩24,000

1) 취득원가 ₩300,000 − 감가상각비 ₩60,000[= (₩300,000 − ₩0)/5년]

2) Max [처분부대원가를 뺀 공정가치, 사용가치] = Max [₩205,000, ₩216,000]

2. 20×1년 말 손상차손 회계처리 :

(차) 손상차손 24,000 (대) 손상차손누계액(기계장치) 24,000

[문제 10] 무형자산 및 연구개발비 〈난이도: 중〉

1. 각 날짜별 회계처리

(1) 1월 1일 :	(차) 특허권	30,000	(대) 현 금	30,000
(2) 6월 1일 :	(차) 프랜차이즈	960,000	(대) 현 금	960,000
(3) 9월 1일 :	(차) 경상개발비	200,000	(대) 현 금	200,000

2. 20×1년 말 수정분개

(차) 특허권상각비	60,000	(대) 특허권	60,000
(차) 프랜차이즈상각비	70,000	(대) 특허권	70,000

[문제 11] 천연자원 〈난이도: 중〉

1. (차) 감모상각비[1] 65,000 (대) 감모상각누계액 65,000

1) ₩520,000 × $\frac{50,000톤}{400,000톤}$ = ₩65,000

2. 10,000톤에 대한 원가 ₩13,000(₩520,000 × $\frac{10,000톤}{400,000톤}$)은 재고자산계정으로 처리한다.

제 10 장
부 채

객관식

[문제 1] 〈난이도: 하〉

정답: ①

[문제 2] 〈난이도: 중〉

정답: ②

[문제 3] 〈난이도: 중〉

정답: ②

1차연도 이자비용 = ₩87,565(=₩875,650 × 0.1)

1차연도 이자지급액 = ₩87,565 − ₩37,565 = ₩50,000

표시이자 = ₩50,000/₩100,000 × 100 = 5%

[문제 4] 〈난이도: 중〉

정답: ④

상각표

일 자	유효이자(10%)	액면이자(8%)	상각액	장부금액
20×1년 1월 1일				₩95,026
20×1년 12월 31일	₩9,503	₩8,000	₩1,503	96,529
20×2년 12월 31일	9,653	8,000	1,653	98,182
20×3년 12월 31일	9,818	8,000	1,818	100,000
계	₩28,974	₩24,000	₩4,974	

[문제 5] 〈난이도: 상〉

정답: ③

부분상각표

일 자	유효이자(10%)	액면이자(8%)	상각액	장부금액
20×5년 1월 1일				₩950,250
20×6년 12월 31일	₩95,025	₩80,000	₩15,025	965,275
20×7년 12월 31일	96,528	80,000	16,528	981,803

유효이자율 : ₩95,025/₩950,250 × 100 = 10%

사채상환이익 : ₩981,803 − ₩980,000 = ₩1,803

주관식

[문제 1] 금융부채(1) 〈난이도: 하〉

1. 7월 1일 : (차) 현 금 120,000 (대) 단기차입금 120,000

2. 7월 31일 : (차) 이자비용[1)] 800 (대) 미지급이자 800

   1) ₩120,000 × 0.08 × $\frac{1}{12}$ = ₩800

3. 12월 31일 : (차) 단기차입금 120,000 (대) 현 금 124,800
   미지급이자 4,800

4. ₩120,000 × 0.08 × $\frac{6}{12}$ = ₩4,800

[문제 2] 금융부채(2) 〈난이도: 상〉

1.

1월 1일 : (차)	현 금	50,000	(대)	단기차입금	50,000
1월 7일 : (차)	현 금	1,100,000	(대)	매 출	1,000,000
				부가가치세예수금	100,000
1월 10일 : (차)	선수수익	16,000	(대)	용역수익	16,000
1월 16일 : (차)	부가가치세예수금	10,000	(대)	현 금	10,000
1월 22일 : (차)	매출채권	52,800	(대)	매 출	48,000
				부가가치세예수금	4,800
1월 27일 : (차)	현 금	264,000	(대)	매 출	240,000
				부가가치세예수금	24,000

2. 1월 31일 : (차) 이자비용[1)] 250 (대) 미지급이자 250

   1) ₩50,000 × 6% × $\frac{1}{12}$ = ₩250

3. 매입채무 : ₩60,000

부가가치세예수금(미지급부가가치세) :

₩10,000 + ₩100,000 − ₩10,000 + ₩4,800 + ₩24,000 = ₩128,800

선수수익 : ₩24,000 − ₩16,000 = ₩8,000

단기차입금 : ₩50,000

미지급이자 : ₩250

총유동부채 : ₩60,000 + ₩128,800 + ₩8,000 + ₩50,000 + ₩250 = ₩247,050

[문제 3] 금융부채(3) 〈난이도: 중〉

1.

일자		차변	금액		대변	금액
2월 20일 :	(차)	상　품	120,000	(대)	매입채무	120,000
3월 1일 :	(차)	매입채무	120,000	(대)	지급어음	120,000
3월 31일 :	(차)	이자비용[1]	800	(대)	미지급이자	800
4월 30일 :	(차)	이자비용	800	(대)	미지급이자	800
5월 1일 :	(차)	지급어음	120,000	(대)	현　금	121,600
		미지급이자	1,600			
6월 1일 :	(차)	기계장치	45,000	(대)	현　금	15,000
					미지급금	30,000
6월 30일 :	(차)	이자비용[2]	250	(대)	미지급이자	250
7월 31일 :	(차)	이자비용	250	(대)	미지급이자	250
8월 1일 :	(차)	미지급금	30,000	(대)	현　금	30,500
		미지급이자	500			
12월 1일 :	(차)	현　금	60,000	(대)	단기차입금	60,000
12월 31일 :	(차)	이자비용[3]	450	(대)	미지급이자	450

1) $₩120,000 \times 8\% \times \frac{1}{12} = ₩800$

2) $₩30,000 \times 10\% \times \frac{1}{12} = ₩250$

3) $₩60,000 \times 9\% \times \frac{1}{12} = ₩450$

2. 유동부채

단기차입금	₩60,000
미지급비용	450

3. 총이자비용 = ₩1,600 + ₩500 + ₩450 = ₩2,550

[문제 4] 사채의 발행(액면발행)과 만기상환 〈난이도: 하〉

		차변	금액		대변	금액
1. 20×1년 초:	(차)	현　금	1,000,000	(대)	사　채	1,000,000
2. 20×1년 말:	(차)	이자비용[1]	100,000	(대)	현　금	100,000

1) $₩1,000,000 \times 10\% \times \frac{12}{12} = ₩100,000$

3. 20×3년 말: (차) 이자비용 100,000 (대) 현 금 100,000
(차) 사 채 1,000,000 (대) 현 금 1,000,000

[문제 5] 사채의 발행(액면발행)과 조기상환 〈난이도: 중〉

1. 20×1. 6. 1: (차) 현 금 3,000,000 (대) 사 채 3,000,000
2. 20×1.12.31: (차) 이자비용[1] 20,000 (대) 미지급이자 20,000

1) ₩3,000,000 × 8% × $\frac{1}{12}$ = ₩20,000

3. 20×2. 6. 1: (차) 이자비용[2] 100,000 (대) 현 금 120,000
미지급이자 20,000

2) ₩3,000,000 × 8% × $\frac{5}{12}$ = ₩100,000

4. 20×3.12.31: (차) 사 채 3,000,000 (대) 현 금 3,060,000
미지급이자[3] 20,000
사채상환손실 40,000

3) ₩3,000,000 × 8% × $\frac{1}{12}$ = ₩20,000

[문제 6] 사채의 발행(할인발행)과 조기상환 〈난이도: 중〉

1. 20×1.1.1: (차) 현 금 975,132 (대) 사 채 1,000,000
사채할인발행차금 24,868

2. 상각표

일 자	유효이자(10%)	액면이자(9%)	상각액	장부금액
20×1년 1월 1일				₩975,132
20×1년 12월 31일	₩97,513	₩90,000	₩7,513	982,645
20×2년 12월 31일	98,265	90,000	8,265	990,910
20×3년 12월 31일	99,090	90,000	9,090	1,000,000
계	₩294,868	₩270,000	₩24,868	

3. 20×1.12.31: (차) 이자비용 97,513 (대) 현 금 90,000
사채할인발행차금 7,513

4. 20×3.1.1: (차) 사 채 1,000,000 (대) 현 금 970,000
사채할인발행차금 9,090
사채상환이익 20,910

[문제 7] 사채의 발행(할증발행)과 조기상환 〈난이도: 상〉

1. 20×1.1.1: (차) 현　금 1,049,728 (대) 사　채 1,000,000
사채할증발행차금 49,728

2. 상각표

일 자	유효이자(10%)	액면이자(12%)	상각액	장부금액
20×1년 1월 1일				₩1,049,728
20×1년 12월 31일	₩104,973	₩120,000	₩15,027	1,034,701
20×2년 12월 31일	103,470	120,000	16,530	1,018,171
20×3년 12월 31일	101,829[1)]	120,000	18,171	1,000,000
계	₩310,272	₩360,000	₩49,728	

1) 단수조정

3. 20×1.12.31: (차) 이자비용 104,973 (대) 현　금 120,000
사채할증발행차금 15,027

4. 20×3.1.1: (차) 사　채 1,000,000 (대) 현　금 1,030,000
사채할증발행차금 18,171
사채상환손실 11,829

[문제 8] 예수금과 선수금 〈난이도: 중〉

1. 20×1.5.20: (차) 현　금 44,000 (대) 매　출 40,000
부가가치세예수금 4,000

2. 20×1.10.31: (차) 현　금[1)] 24,000,000 (대) 선수금 24,000,000
1) ₩40,000 × 600개 = ₩24,000,000

3. 20×1.12.31: (차) 선수금[2)] 4,000,000 (대) 구독료수익 4,000,000
2) ₩24,000,000 × $\frac{2}{12}$ = ₩4,000,000

[문제 9] 재무제표 표시 〈난이도: 중〉

1. 비유동사채의 액면금액 : ₩2,617,000
2. 비유동사채의 장부금액 : ₩2,617,000 − ₩60,205 = ₩2,556,795
3. 액면이자율

제 11 장
금융자산 및 관계기업투자

객관식

[문제 1] 〈난이도: 하〉

정답: ④

① 지분투자결과 투자회사가 유의적인 영향력을 행사할 수 있게 된 피투자회사를 관계기업이라고 한다.

② 투자회사가 피투자회사의 재무정책과 영업정책의 의사결정에 참여할 수 있는 능력을 상실하면 피투자회사에 대한 유의적인 영향력을 상실한다. 유의적인 영향력은 절대적이거나 상대적인 소유지분율의 변동에 따라 또는 소유지분율이 변동하지 않더라도 상실할 수 있다. 예를 들면, 관계기업이 정부, 법원, 관재인, 감독기구의 통제를 받게 되는 경우에 유의적인 영향력을 상실할 수 있다.

③ 별도재무제표를 작성할 때 종속기업, 공동기업, 관계기업에 대한 투자자산은 원가법, 공정가치법, 지분법 중 어느 하나를 선택하여 회계처리한다.

⑤ 종속기업은 다른 기업의 지배를 받는 기업으로, 투자회사가 직・간접으로 피투자회사의 의결권 있는 주식의 50% 이상을 보유하면 지배력을 갖게 된다.

[문제 2] 〈난이도: 중〉

정답: ②

• 당기손익-공정가치측정(FVPL)금융자산으로 분류 시 당기손익 : ₩20

20×3년 처분 시

(차) 금융자산(FVPL)	20	(대) 금융자산(FVPL)평가이익[1)]	20
(차) 현　금	250	(대) 금융자산(FVPL)	250

1) ₩250 − ₩230 = ₩20(당기손익)

• 기타포괄손익-공정가치측정(FVOCI)금융자산으로 분류 시 당기손익 : ₩0

20×3년 처분 시

(차) 금융자산(FVOCI)	20	(대) 금융자산(FVOCI)평가이익[1)]	20
(차) 현　금	250	(대) 금융자산(FVOCI)	250

1) ₩250 − ₩230 = ₩20(기타포괄손익)

따라서 당기손익의 차이는 ₩20(= ₩20 − ₩0)이 된다.

[문제 3] 〈난이도: 중〉

정답: ⑤

처분시점에서의 공정가치 평가에 따른 금융자산(FVOCI)평가손실 ₩100(=₩1,100 - ₩1,200)은 기타포괄손익이 되며, (처분과 직접 관련되는 거래원가는 없기 때문에) 수취한 대가(₩1,100)와 제거일에 측정한 금융자산 장부금액(₩1,100)은 동일하게 되어 금융자산(FVOCI)처분손실은 ₩0으로 당기순이익에 미치는 영향은 ₩0이다.

[문제 4] 〈난이도: 상〉

정답: ⑤

- ㈜한국이 3년간(20×1년 ~ 20×3년) 인식할 총이자수익은 ₩27,434[1]이다.
- ㈜한국이 20×1년에 인식한 이자수익이 ₩8,757이므로, 20×2년과 20×3년에 인식할 이자수익의 합은 ₩18,677[2]이다.

1) ₩15,000(₩100,000 × 5% × 3년) + ₩12,434(₩100,000 - ₩87,566) = ₩27,434
2) ₩27,434 - ₩8,757 = ₩18,677

[문제 5] 〈난이도: 중〉

정답: ③

- ㈜한국이 보고한 당기순이익은 ₩800,000이므로, ㈜세무가 20×1년도 당기손익으로 인식할 지분법이익은 ₩200,000[1]이다.
  1) (₩900,000 - ₩100,000) × 25% = ₩200,000
- 참고로, ㈜한국이 보고한 기타포괄이익 ₩100,000의 ㈜세무 지분에 해당하는 ₩25,000(=₩100,000 × 25%)은 ㈜세무의 지분법기타포괄이익(기타포괄이익)으로 인식된다.

주관식

[문제 1] 금융자산(FVPL)(1) 〈난이도: 중〉

1.

일자		차변	금액		대변	금액
1월 1일 :	(차)	금융자산(FVPL)	400,000	(대)	현 금	405,000
		수수료비용	5,000			
6월 30일 :	(차)	현 금	16,000	(대)	이자수익[1]	16,000
	(차)	금융자산(FVPL)	23,000	(대)	금융자산(FVPL)평가이익[2]	23,000
	(차)	현 금	260,000	(대)	금융자산(FVPL)	263,000
		금융자산(FVPL)처분손실	3,000			

12월 31일 :	(차) 금융자산(FVPL)평가손실[3]	10,000	(대) 금융자산(FVPL)	10,000
	(차) 현 금	6,400	(대) 이자수익[4]	6,400

1) ₩400,000 × 8% × $\frac{6}{12}$ = ₩16,000

2) ₩263,000 − ₩400,000 × 60% = ₩23,000

3) ₩150,000 − ₩400,000 × 40% = (₩10,000)

4) (₩400,000 × 40%) × 8% × $\frac{6}{12}$ = ₩6,400

2.

1월 1일 :	(차) 금융자산(FVPL)	3,000,000	(대) 현 금	3,004,000
	수수료비용	4,000		
2월 15일 :	(차) 금융자산(FVPL)평가손실[5]	15,000	(대) 금융자산(FVPL)	15,000
	(차) 현 금	580,000	(대) 금융자산(FVPL)	585,000
	금융자산(FVPL)처분손실	5,000		
4월 5일 :	(차) 현 금	80,000	(대) 배당금수익[6]	80,000
5월 15일 :	(차) 금융자산(FVPL)	155,000	(대) 금융자산(FVPL)평가이익[7]	155,000
	(차) 현 금	1,340,000	(대) 금융자산(FVPL)	1,355,000
	금융자산(FVPL)처분손실	15,000		

5) ₩585,000 − 200주 × ₩3,000 = (₩15,000)

6) 800주 × ₩100 = ₩80,000

7) ₩1,355,000 − 400주 × ₩3,000 = ₩155,000

[문제 2] 금융자산(FVPL)(2) 〈난이도: 중〉

1.

12월 31일 :	(차) 금융자산(FVPL)평가손실	14,000	(대) 금융자산(FVPL)	14,000

2.

12월 31일 :	(차) 금융자산(FVPL)평가손실	8,000	(대) 금융자산(FVPL)	8,000

3.

부분재무상태표

유동자산	
금융자산(FVPL)	₩98,000

부분포괄손익계산서

기타비용	
금융자산(FVPL)평가손실	₩8,000

[문제 3] 금융자산(FVOCI)(1) 〈난이도: 중〉

1.

일자		차변	금액		대변	금액
3월 18일 :	(차)	금융자산(FVOCI)	1,105,000	(대)	현 금	1,105,000
6월 30일 :	(차)	현 금	800	(대)	배당금수익	800
12월 31일 :	(차)	금융자산(FVOCI)	495,000	(대)	금융자산(FVOCI)평가이익	495,000

2.

일자		차변	금액		대변	금액
2월 1일 :	(차)	금융자산(FVOCI)	6,200	(대)	현 금	6,200
7월 1일 :	(차)	현 금	300	(대)	배당금수익	300
9월 1일 :	(차)	금융자산(FVOCI)	1,350	(대)	금융자산(FVOCI)평가이익[1)]	1,350
		현 금	4,400		금융자산(FVOCI)	4,450
		금융자산(FVOCI)처분손실	50			
12월 31일 :	(차)	금융자산(FVOCI)	650	(대)	금융자산(FVOCI)평가이익[2)]	650

1) ₩4,450 − ₩6,200 × $\frac{150주}{300주}$ = ₩1,350

2) (150주 × ₩25) − ₩6,200 × $\frac{150주}{300주}$ = ₩650

3.

부분재무상태표

<자산>	
비유동자산	
금융자산(FVOCI)	₩3,750
<자본>	
기타포괄손익누계액	
금융자산(FVOCI)평가손익	₩2,000

부분포괄손익계산서

당기손익 :		
배당금수익	₩300	
기타비용		
금융자산(FVOCI)처분손실	₩50	₩250
기타포괄손익 :		
금융자산(FVOCI)평가이익	₩2,000	₩2,000

[문제 4] 금융자산(FVOCI)(2) 〈난이도: 중〉

1.

일자	차변	금액	대변	금액
1월 7일 :	(차) 금융자산(FVOCI)	425,000	(대) 금융자산(FVOCI)평가이익	425,000
	(차) 현 금	3,200,000	(대) 금융자산(FVOCI)	3,225,000
	금융자산(FVOCI)처분손실	25,000		
1월 10일 :	(차) 금융자산(FVOCI)	1,384,000	(대) 현 금	1,384,000
1월 26일 :	(차) 현 금	84,000	(대) 배당금수익	84,000
2월 2일 :	(차) 현 금	9,000	(대) 배당금수익	9,000
2월 10일 :	(차) 금융자산(FVOCI)	99,000	(대) 금융자산(FVOCI)평가이익	99,000
	(차) 현 금	930,000	(대) 금융자산(FVOCI)	939,000
	금융자산(FVOCI)처분손실	9,000		
9월 1일 :	(차) 금융자산(FVOCI)	4,590,000	(대) 현 금	4,590,000

2.

일자	차변	금액	대변	금액
12월 31일 :	(차) 금융자산(FVOCI)	826,000	(대) 금융자산(FVOCI)평가이익	826,000

보유주식	취득원가	공정가치	
삼성㈜	₩4,000,000	₩5,040,000	(800주 × ₩6,300)
넥센㈜	5,974,000	5,760,000	(800주 × ₩7,200)
	₩9,974,000	₩10,800,000	(평가이익 ₩826,000)

3.

부분재무상태표

<자산>
비유동자산
금융자산(FVOCI) ₩10,800,000

<자본>
기타포괄손익누계액
금융자산(FVOCI)평가손익 ₩1,350,000

[문제 5] 금융자산(FVOCI)(3) 〈난이도: 중〉

1. 금융자산(FVOCI) 취득원가 = ₩2,000,000 × 0.75131 + 200,000 × 2.48685 ≒ ₩2,000,000

2.

일자	차변	금액	대변	금액
20×1.12.31 :	(차) 금융자산(FVOCI)평가손실	200,000	(대) 금융자산(FVOCI)	200,000

3.

일자	차변	금액	대변	금액
20×2.12.31 :	(차) 금융자산(FVOCI)	100,000	(대) 금융자산(FVOCI)평가이익	100,000

* 20×2.12.31 <자본> 기타포괄손익누계액으로 계상되는 금융자산(FVOCI)평가손익은 (−)₩100,000이 됨.

[문제 6] 금융자산(AC)(1) 〈난이도: 중〉

1. 금융자산(AC) 취득원가 = ₩5,000,000 × 0.75131 + ₩400,000 × 2.48685 = ₩4,751,290

2.

기간	기초 장부금액	이자수익	이자수취액	상각액 (=장부금액 증가액)	기말 장부금액
20×1	₩4,751,290	₩475,129	₩400,000	₩75,129	₩4,826,419
20×2	4,826,419	482,642	400,000	82,642	4,909,061
20×3	4,909,061	490,939[1)]	400,000	90,939	5,000,000
합 계		₩1,448,710	₩1,200,000	₩248,710	

1) 단수조정

3.

20×1.12.31 :	(차) 현 금	400,000	(대) 이자수익	475,129
	금융자산(AC)	75,129		

4.

20×2.12.31 :	(차) 현 금	400,000	(대) 이자수익	482,642
	금융자산(AC)	82,642		

[문제 7] 금융자산(AC)(2) 〈난이도: 상〉

1. 금융자산(AC) 취득원가 = ₩3,000,000 × 0.79209 + ₩150,000 × 3.46511 ≒ ₩2,896,037

2.

기간	기초 장부금액	이자수익	이자수취액	상각액 (=장부금액 증가액)	기말 장부금액
20×1 상반기	₩2,896,037	₩173,762	₩150,000	₩23,762	₩2,919,799
20×1 하반기	2,919,799	174,950	150,000	24,950	2,944,749
20×2 상반기	2,944,749	176,198	150,000	26,198	2,970,947
20×2 하반기	2,970,947	179,053[1)]	150,000	29,053	3,000,000
합 계		₩703,963	₩600,000	₩103,963	

1) 단수조정

3.

20×1.6.30 :	(차) 현 금	150,000	(대) 이자수익	173,762
	금융자산(AC)	23,762		

4.

20×1.12.31 :	(차) 현 금	150,000	(대) 이자수익	174,950
	금융자산(AC)	24,950		

[문제 8] 관계기업투자(1) 〈난이도: 중〉

1.

1월 1일 :	(차) 관계기업투자주식	220,000	(대) 현 금	220,000
6월 15일 :	(차) 현 금	10,000	(대) 관계기업투자주식	10,000
12월 31일 :	(차) 관계기업투자주식	64,000	(대) 지분법이익	64,000

2.

1월 1일 :	(차) 관계기업투자주식	1,800,000	(대) 현 금	1,800,000
6월 30일 :	(차) 현 금	50,000	(대) 관계기업투자주식	50,000
12월 31일 :	(차) 관계기업투자주식	180,000	(대) 지분법이익	180,000

[문제 9] 관계기업투자(2) 〈난이도: 중〉

1.

1월 1일 :	(차) 관계기업투자주식	560,000	(대) 현 금	560,000
4월 30일 :	(차) 현 금	55,000	(대) 관계기업투자주식	55,000
12월 31일 :	(차) 관계기업투자주식	50,000	(대) 지분법이익	500,000

2.

20×1년 초 관계기업투자주식	₩560,000
차감: 배당금수익	(55,000)
가산: 당기순이익	50,000
20×1년 말 관계기업투자주식	₩555,000

제 12 장
자 본

객관식

[문제 1] 〈난이도: 하〉

정답: ⑤

• 자본잉여금 : ₩300(감자차익) + ₩180(주식발행초과금) = ₩480

[문제 2] 〈난이도: 중〉

정답: ④

• 유상증자로 인한 자본의 증가액 : ₩15,000(발행가액) × 500주 − ₩500,000(주식발행비)
= ₩7,000,000

[문제 3] 〈난이도: 하〉

정답: ⑤

• 토지의 취득원가 : ₩300,000(토지의 공정가치) + ₩5,000(취득세) = ₩305,000

[문제 4] 〈난이도: 하〉

정답: ④

• 우선주 현금배당 지급액 : ₩5,000,000 × 3%(20×4년분) + ₩5,000,000 × 3%(20×5년분)
= ₩300,000

• 보통주 현금배당 지급액 : ₩1,000,000 − ₩300,000 = ₩700,000

[문제 5] 〈난이도: 상〉

정답: ③

• 20×1년 말 자본총계 : ₩3,267,000 − ₩36,000[1)](자기주식 취득) + ₩52,000[2)](자기주식 처분)
− ₩200,000(당기순손실) + ₩150,000(기타포괄이익)
= ₩3,233,000

1) ₩1,200 × 30주 = ₩36,000

2) ₩1,300 × 40주 = ₩52,000

주관식

[문제 1] 자본의 분류 〈난이도: 하〉

	자본잉여금	자본조정	기타포괄손익누계액
감자차익	₩200,000		
자기주식		₩(150,000)	
주식할인발행차금		(160,000)	
자기주식처분손실		(60,000)	
주식발행초과금	180,000		
자기주식처분이익	70,000		
금융자산(FVOCI)평가손실			₩(100,000)
재평가잉여금			90,000
계	₩450,000	₩(370,000)	₩(10,000)

[문제 2] 보통주 발행: 현물출자 〈난이도: 하〉

1.

일자	차변	금액	대변	금액
3월 2일 :	(차) 현 금	500,000	(대) 보통주자본금	500,000
8월 31일 :	(차) 현 금	225,000	(대) 보통주자본금	150,000
			보통주주식발행초과금	75,000

2.

일자	차변	금액	대변	금액
12월 5일 :	(차) 토 지	270,000	(대) 보통주자본금	250,000
			보통주주식발행초과금	20,000
12월10일 :	(차) 토 지	220,000	(대) 보통주자본금	200,000
			보통주주식발행초과금	20,000

[문제 3] 보통주, 우선주 발행 〈난이도: 중〉

1.

일자	차변	금액	대변	금액
1월 10일 :	(차) 현 금	30,000,000	(대) 보통주자본금	20,000,000
			보통주주식발행초과금	10,000,000
3월 1일 :	(차) 현 금	1,500,000	(대) 우선주자본금	1,000,000
			우선주주식발행초과금	500,000
4월 1일 :	(차) 토 지	750,000	(대) 보통주자본금	500,000
			보통주주식발행초과금	250,000
5월 1일 :	(차) 현 금	18,750,000	(대) 보통주자본금	15,000,000
			보통주주식발행초과금	3,750,000
9월 1일 :	(차) 현 금	1,750,000	(대) 보통주자본금	1,000,000
			보통주주식발행초과금	750,000

11월 1일 :	(차) 현　　금	260,000	(대) 우선주자본금	200,000
			우선주주식발행초과금	60,000

2.

부분재무상태표

20×2년 12월 31일 현재

한국㈜		(단위 : 원)
자본금		₩37,700,000
보통주자본금	₩36,500,000	
우선주자본금	1,200,000	
자본잉여금		15,310,000
보통주주식발행초과금	₩14,750,000	
우선주주식발행초과금	560,000	

[문제 4] 자기주식(1) 〈난이도: 중〉

1.

3월 1일 :	(차) 자기주식	9,000,000	(대) 현　　금	9,000,000
6월 1일 :	(차) 현　　금	3,200,000	(대) 자기주식	3,000,000
			자기주식처분이익	200,000
9월 1일 :	(차) 현　　금	1,300,000	(대) 자기주식	1,500,000
	자기주식처분이익	200,000		

2.

9월 1일 :	(차) 현　　금	1,100,000	(대) 자기주식	1,500,000
	자기주식처분이익	200,000		
	자기주식처분손실	200,000		

[문제 5] 자기주식(2) 〈난이도: 중〉

1.

3월 1일 :	(차) 자기주식	400,000	(대) 현　　금	400,000
6월 1일 :	(차) 현　　금	62,000	(대) 자기주식	80,000
	자기주식처분손실	18,000		
9월 1일 :	(차) 현　　금	170,000	(대) 자기주식	160,000
			자기주식처분손실	10,000
12월 1일 :	(차) 현　　금	75,000	(대) 자기주식	80,000
	자기주식처분손실	5,000		
12월 31일 :	(차) 집합손익	40,000	(대) 이익잉여금	40,000

2.

부분재무상태표

20×2년 12월 31일 현재

강남㈜		(단위 : 원)
자본금		₩5,000,000
자본잉여금		2,000,000
주식발행초과금	₩2,000,000	
자본조정		(93,000)
자기주식	₩(80,000)	
자기주식처분손실	(13,000)	
이익잉여금		1,040,000
자본총계		₩7,947,000

[문제 6] 자기주식(3) 〈난이도: 상〉

1.

4월 1일 :	(차) 자기주식	400,000	(대) 현 금	400,000
5월 1일 :	(차) 현 금	85,000	(대) 자기주식	80,000
			자기주식처분이익	5,000
6월 1일 :	(차) 현 금	72,000	(대) 자기주식	80,000
	자기주식처분이익	5,000		
	자기주식처분손실	3,000		
10월 1일 :	(차) 자본금	50,000	(대) 자기주식	80,000
	감자차익	10,000		
	감자차손	20,000		
12월 31일 :	(차) 집합손익	400,000	(대) 이익잉여금	400,000

2.

일 자	자기주식	자본총계
1월 1일	₩0	₩3,010,000
4월 1일	400,000	(400,000)
5월 1일	(80,000)	85,000
6월 1일	(80,000)	72,000
10월 1일	(80,000)	–
12월 31일	–	400,000
계	₩160,000	₩3,167,000

참고) 자본총계의 변동사항을 파악할 때에는 대변잔액이 큰 경우에는 자본의 증가로, 차변잔액이 큰 경우에는 자본의 감소로 분석하면 된다.

[문제 7] 주식배당 〈난이도: 중〉

1. 액면금액 : ₩1,000

주식배당 선언일 :	(차) 미처분이익잉여금	240,000	(대)	미교부주식배당금	240,000
주식교부일 :	(차) 미교부주식배당금	240,000	(대)	자본금	240,000

2. 액면금액 : ₩500

주식배당 선언일 :	(차) 미처분이익잉여금	120,000	(대)	미교부주식배당금	120,000
주식교부일 :	(차) 미교부주식배당금	120,000	(대)	자본금	120,000

[문제 8] 이익잉여금의 처분 〈난이도: 중〉

1.

결산일 분개 :	(차) 집합손익	550,000	(대)	미처분이익잉여금	550,000
주주총회일 분개 :	(차) 미처분이익잉여금	473,000	(대)	미지급배당금	220,000
				미교부주식배당금	110,000
				이익준비금	55,000
				임의적립금	88,000

2. (1) 20×3년도 결산일 현재 미처분이익잉여금 잔액 = ₩110,000 + ₩550,000 = ₩660,000

(2) 20×4년도 주주총회일 현재 미처분이익잉여금 잔액 = ₩110,000 + ₩550,000 − ₩473,000
= ₩187,000

[문제 9] 종합(1) 〈난이도: 중〉

1.

자본변동표(이익잉여금 부분)

20×2년 1월 1일부터 20×2년 12월 31일까지

강북㈜ (단위 : 원)

구 분	이익잉여금
20×2년 1월 1일	₩900,000
전기오류수정	80,000
수정후 기초잔액	₩980,000
기타변동사항	
우선주배당금	(700,000)
보통주배당금	(675,000)
당기순이익	3,600,000
20×2년 12월 31일	₩3,205,000

2.

부분재무상태표

20×2년 12월 31일 현재

강북㈜		(단위 : 원)
자본금		₩25,000,000
보통주자본금	₩15,000,000	
우선주자본금	10,000,000	
자본잉여금		2,000,000
보통주주식발행초과금	₩1,500,000	
우선주주식발행초과금	500,000	
자본조정		(2,400,000)
자기주식	₩(2,400,000)	
이익잉여금		3,205,000
자본총계		₩27,805,000

[문제 10] 종합(2) 〈난이도: 상〉

1.

자본변동표(이익잉여금 부분)

20×2년 1월 1일부터 20×2년 12월 31일까지

백제㈜ (단위 : 원)

구 분	이익잉여금
20×2년 1월 1일	₩2,450,000
전기오류수정	(100,000)
수정후 기초잔액	₩2,350,000
기타변동사항	
현금배당금	(600,000)
주식배당금	(200,000)
당기순이익	773,000
20×2년 12월 31일	₩2,323,000

2.

부분재무상태표

20×2년 12월 31일 현재

백제㈜		(단위 : 원)
자본금		₩3,400,000
보통주자본금	₩2,400,000	
우선주자본금	1,000,000	
자본잉여금		1,400,000
보통주주식발행초과금	₩1,200,000	
우선주주식발행초과금	200,000	
자본조정		(320,000)
자기주식	₩(320,000)	
이익잉여금		2,323,000
자본총계		₩6,803,000

3. 우선주배당액 : 10,000주 × ₩100 × 8% = ₩80,000
   보통주당기순이익 : ₩773,000 − ₩80,000 = ₩693,000
   주당순이익 : ₩693,000 ÷ 4,620주 = ₩150

4. 우선주 현금배당 지급액 : 10,000주 × ₩100 × 8% = ₩80,000
   보통주 현금배당 지급액 : ₩600,000 − ₩80,000 = ₩520,000

제 13 장
현금흐름표

객관식

[문제 1] 〈난이도: 중〉

직접법은 총현금 유입과 총현금 유출을 주요 항목(계정)별로 구분하여 영업활동 현금 유입에서 영업활동 현금 유출을 차감하여 계산하는 방법이고, 간접법은 포괄손익계산서의 당기순손익에 현금 유출이 없는 비용을 가산하고 현금 유입이 없는 수익을 차감하여 계산하는 방법이다.

[문제 2] 〈난이도: 하〉

정답: ①

유형자산 취득에 따른 미지급금 증가는 부채의 증가이므로 재무활동이다.

[문제 3] 〈난이도: 상〉

정답: ②

금융회사의 경우는 영업활동 현금흐름으로 분류된다. 비금융회사의 업종인 경우 영업활동으로 이자를 지급하는 경우 영업활동으로, 투자활동이나 재무활동의 결과로 이자를 지급하는 경우 각각 투자활동과 재무활동으로 구분하여야 한다.

[문제 4] 〈난이도: 하〉

정답: ①

현금흐름표는 발생주의가 아니라 현금주의에 기초하고 있다.

[문제 5] 〈난이도: 중〉

정답: ④

직접법은 주요 계정별 현금의 유입과 유출을 계산하며, 간접법은 당기순이익에서 출발하여 현금의 유입과 유출을 계산한다.

주관식

[문제 1] 현금흐름의 구분 〈난이도: 하〉

	거래	(1) 현금흐름의 구분	(2) 현금 유입, 유출, 영향 없음
(1)	재고자산인 상품의 매입	영업활동(O)	현금 유출
(2)	거래처에 현금대여	투자활동(I)	현금 유출
(3)	유형자산 현금구입	투자활동(I)	현금 유출
(4)	대출금 원금상환	재무활동(F)	현금 유출
(5)	주식발행	재무활동(F)	현금 유입
(6)	유가증권매입	투자활동(I)	현금 유출
(7)	배당금 지급	재무활동(F) 또는 영업활동(O)	현금 유출
(8)	외상매출	영업활동(O)	현금 영향 없음
(9)	외상매입	영업활동(O)	현금 영향 없음
(10)	직원급여 지급	영업활동(O)	현금 유출

[문제 2] 영업활동 현금흐름 - 직접법(1) 〈난이도: 중〉

1. 고객으로부터 현금 유입액 : ₩6,000,000

차 변			대 변		
현금 유입	② **6,000,000**		대손충당금	5,000	증가
매출채권	350,000	증가	매 출	6,351,000	발생
대손상각비	6,000	발생			
합 계	③ 6,356,000		합 계	① **6,356,000**	

2. 영업비용으로 인한 현금 유출액 : ₩101,400

차 변			대 변		
영업비용	120,000	발생	**현금 유출**	② **101,400**	
			선급비용	12,000	감소
			미지급비용	6,600	증가
합 계	① 120,000		합 계	③ **120,000**	

3. 법인세비용으로 인한 현금 유출액 : ₩142,500

차 변			대 변		
법인세비용	510,000	발생	**현금 유출**	② **142,500**	
			미지급법인세	367,500	증가
합 계	① 510,000		합 계	③ **120,000**	

[문제 3] 영업활동 현금흐름 - 직접법(2) 〈난이도: 중〉

1. 공급자에 대한 현금 유출 : ₩995,350

차 변			대 변		
매출원가	976,350	발생	**현금 유출**	② **995,350**	
매입채무	20,000	감소	재고자산	1,000	감소
합 계	① 996,350		합 계	③ **996,350**	

2. 영업비용 현금 유출 : ₩2,195,000

차 변			대 변		
영업비용	2,105,000	발생	**현금 유출**	② **2,195,000**	
선급비용	60,000	증가			
미지급비용	30,000	감소			
합 계	① 2,195,000		합 계	③ **2,195,000**	

[문제 4] 영업활동 현금흐름 - 직접법(3) 〈난이도: 상〉

고객으로부터 현금 유입	
매출	₩1,455,000
매출채권 증가	(22,500)
	1,432,500
공급자에 대한 현금 유출	
매출원가	486,000
재고자산 증가	10,000
매입채무 증가	(19,500)
	476,500
영업비용에 대한 현금 유출	
영업비용	450,000
	450,000
법인세비용에 대한 현금 유출	
법인세비용	60,000
미지급법인세 증가	(6,000)
	54,000
영업활동에 의한 현금흐름	₩452,000

[문제 5] 영업활동 현금흐름 - 간접법(1) 〈난이도: 중〉

영업활동 현금흐름	
당기순이익	₩229,500
조정	
감가상각비	36,000
매출채권 증가	(31,500)
재고자산 증가	(21,000)
선급비용 증가	(7,500)
매입채무 감소	(149,000)
미지급비용 증가	7,000
영업활동으로 인한 순현금흐름	₩63,500

[문제 6] 영업활동 현금흐름 - 간접법(2) 〈난이도: 중〉

영업활동 현금흐름	
당기순이익	₩390,000
조정	
감가상각비	39,375
무형자산상각비	7,500
매출채권 감소	195,000
재고자산 증가	(52,500)
선급비용 증가	(65,625)
매입채무 증가	18,750
미지급비용 증가	61,875
영업활동 순현금흐름	₩594,375

[문제 7] 투자활동 현금흐름(1) 〈난이도: 중〉

1.

기계장치 처분 :	(차) 현 금	1,400,000	(대) 기계장치	4,000,000
	감가상각누계액	2,000,000		
	유형자산처분손실	600,000		
기계장치 구입 :	(차) 기계장치	5,000,000	(대) 현 금	3,000,000
			미지급금	2,000,000

2.

투자활동 현금 유입 : 구기계장치 처분	₩1,400,000
투자활동 현금 유출 : 신기계장치 구입	(3,000,000)
투자활동 순현금흐름	₩(1,600,000)

[문제 8] 투자활동 현금흐름(2) 〈난이도: 상〉

투자활동 현금 유입 :	건물 처분	₩60,000
투자활동 현금 유출 :	건물 취득	(230,000)
	개발비 지출	(60,000)
투자활동 순현금흐름		₩(230,000)

(1) 건물 취득과 처분의 현금흐름

차 변			대 변		
현금 유입(처분)	**60,000**		**현금 지출(취득)**	② **230,000**	
건 물	130,000	증가	유형자산처분이익*	20,000	발생
감가상각누계액	30,000	감소			
감가상각비*	30,000	발생			
합 계	① 250,000		합 계	③ **250,000**	

* 이 문제는 추가정보가 일부만 제공된 경우이다. 첫째, 장부금액 ₩40,000의 건물을 ₩60,000에 처분하였으므로 유형자산 처분이익이 ₩20,000이다. 둘째, 기초감가상각누계액이 ₩220,000이었고, 건물처분으로 취득원가와 장부금액의 차이인 ₩60,000만큼 감소하였다. 따라서 건물처분 후 감가상각누계액은 ₩160,000이다. 기말 감가상각누계액이 ₩190,000이므로 당기 감가상각비 계상액은 ₩30,000이다.

(2) 개발비 지출

차 변			대 변		
개발비	20,000	증가	현금 지출	② 60,000	
개발비 상각	40,000	발생			
합 계	① **60,000**		합 계	③ **60,000**	

[문제 9] 재무활동 현금흐름(1) 〈난이도: 중〉

1.

유상증자 :	(차) 현 금	6,000,000	(대) 자본금	4,000,000
			주식발행초과금	2,000,000
자기주식 취득 :	(차) 자기주식	900,000	(대) 현 금	900,000

2.

사채의 상환 :	(차) 사 채	5,000,000	(대) 현 금	4,900,000
			사채상환이익	100,000

3.

재무활동 현금 유입 :	유상증자	₩6,000,000
재무활동 현금 유출 :	자기주식 구입	(900,000)
	사채의 상환	(4,900,000)
재무활동 순현금흐름		₩200,000

[문제 10] 재무활동 현금흐름(2) 〈난이도: 상〉

재무활동 현금 유입 :	단기차입금 차입	₩190,000
	유상증자	600,000
재무활동 현금 유출 :	단기차입금 상환	(140,000)
	배당금 지급	(150,000)
재무활동 순현금흐름		₩500,000

1. 단기차입금 현금 유입과 유출

차 변			대 변		
현금 유입	190,000	증가	**현금 지출**	② **140,000**	차입금상환
			단기차입금	50,000	증가
합 계	① **190,000**		합 계	③ 190,000	

2. 자본 현금 유입과 유출

차 변			대 변		
현금 유입	600,000	증가	**현금 지출**	② **150,000**	배당지급
			자본금	500,000	증가
			자본잉여금	100,000	
당기순이익	180,000		이익잉여금	30,000	증가
합 계	① **780,000**		합 계	③ 780,000	

[문제 11] 현금흐름표의 작성(1) 〈난이도: 상〉

1. 현금흐름표(간접법)

현금흐름표

20×2.1.1부터 20×2.12.31까지

강원㈜	(단위 : 원)
영업활동 현금흐름	
법인세차감전순이익	₩80,000
조정	
감가상각비	29,000
매출채권증가	(38,000)
재고자산증가	(14,000)
매입채무증가	28,000
영업활동에서 창출된 현금	85,000
법인세의 지급	(18,000)
영업활동으로 인한 순현금흐름	67,000

투자활동 현금흐름	
기계장치처분	17,000
투자활동에 의한 순현금흐름	17,000
재무활동 현금흐름	
배당금지급	(50,000)
사채상환	(12,000)
자본금증가	8,000
재무활동에 의한 순현금흐름	(54,000)
현금순증가	₩30,000
기초현금	40,000
기말현금	₩70,000

2. 잉여현금흐름

₩67,000(영업활동 현금흐름) − ₩0(자본적 지출) − ₩50,000(배당금) = ₩17,000

[문제 12] 현금흐름표의 작성(2) 〈난이도: 상〉

1. 현금흐름표(간접법)

현금흐름표

20×2.1.1부터 20×2.12.31까지

한국㈜	(단위 : 원)
영업활동 현금흐름	
법인세차감전순이익	₩372,360
조정	
이자비용	9,460
감가상각비	93,000
유형자산 처분손실	15,000
매출채권의 증가	(122,000)
재고자산의 증가	(19,300)
선급비용의 증가	(4,000)
매입채무의 증가	89,400
미지급비용의 감소	(1,000)
영업에서 창출된 현금	432,920
이자의 지급	(9,460)
법인세의 납부	(54,560)
영업활동으로 인한 순현금흐름	368,900
투자활동 현금흐름	
투자자산의 취득	(48,000)
유형자산의 취득	(170,000)
유형자산의 처분	3,000
투자활동에 의한 순현금흐름	(215,000)

재무활동 현금흐름	
사채상환	(80,000)
자본금증가	90,000
배당금지급	(80,700)
재무활동에 의한 순현금흐름	(70,700)
현금순증가	₩83,200
기초현금	96,800
기말현금	₩180,000

2. 현금흐름표(직접법)

현금흐름표

20×2.1.1부터 20×2.12.31까지

한국㈜ (단위 : 원)

영업활동 현금흐름	
고객으로부터의 유입된 현금	₩663,560
공급자와 종업원에 대한 현금 유출	(230,640)
영업으로부터 창출된 현금	432,920
이자의 지급	(9,460)
법인세의 납부	(54,560)
영업활동으로 인한 순현금흐름	368,900
투자활동 현금흐름	
투자자산의 취득	(48,000)
유형자산의 취득	(170,000)
유형자산의 처분	3,000
투자활동에 의한 순현금흐름	(215,000)
재무활동 현금흐름	
사채상환	(80,000)
자본금증가	90,000
배당금지급	(80,700)
재무활동에 의한 순현금흐름	(70,700)
현금순증가	₩83,200
기초현금	96,800
기말현금	₩180,000

제 14 장
재무제표 분석

객관식

[문제 1] 〈난이도: 하〉

정답: ②

수평적 분석은 재무제표 항목의 기간별 변화를 평가하는 기법이며, 수직적 분석은 재무제표 내에서 각 계정과목을 기준금액과 비교하여 평가하는 기법이다.

[문제 2] 〈난이도: 상〉

정답: ①

예) 현금 20으로 외상매입금 20을 상환 시

유동비율$=\frac{\text{유동자산}}{\text{유동부채}}\times 100=150\%\ \Rightarrow\ \frac{150-20}{100-20}\times 100=162.5\%$ 로 유동비율은 증가하나, 운전자본은 유동자산에서 유동부채를 차감한 것이므로 유동자산과 유동부채의 동일한 금액이 감소하여 운전자본은 동일하다.

[문제 3] 〈난이도: 중〉

정답: ①

유동비율은 단기부채 지급가능성을 나타내며, 유동비율이 너무 높으면 수익성이 낮아질 수 있다. 유동비율은 유동자산과 유동부채 간의 비율이므로 자산의 현금화를 예상할 수는 없다.

[문제 4] 〈난이도: 하〉

정답: ④

① 유동비율$=\frac{\text{유동자산}}{\text{유동부채}}$ ② 부채비율$=\frac{\text{부채총액}}{\text{자기자본}}$ ③ 재고자산회전율$=\frac{\text{매출원가}}{\text{평균재고자산}}$ ④ 총자산회전율$=\frac{\text{매출액}}{\text{총자산}}$ ⑤ 이자보상비율$=\frac{\text{(이자비용+법인세차감전순이익)}}{\text{이자비용}}$

[문제 5] 〈난이도: 상〉

정답: ②

매출원가 = ₩300,000 + ₩1,150,000 − ₩400,000 = ₩1,050,000

재고자산회전율 $=\frac{₩1,050,000}{(₩300,000+₩400,000)/2}=3$회

[문제 6] 〈난이도: 상〉

정답: ①

$$\frac{\text{매출원가}}{(₩187,500 + ₩210,000)/2} = 3$$ 에서 매출원가는 ₩596,250

주관식

[문제 1] 수평적 분석 〈난이도: 하〉

			증기 혹은 감소	
	20×3	20×2	금액	비율
자산				
유동자산	₩250,000	₩200,000	₩50,000	25%
유형자산(순액)	726,000	660,000	66,000	10%
자산총계	₩976,000	₩860,000	₩116,000	13.5%
부채				
유동부채	₩168,000	₩140,000	₩28,000	20%
비유동부채	266,000	190,000	76,000	40%
부채총계	₩434,000	₩330,000	₩104,000	31.5%
자본				
보통주자본	₩322,000	₩230,000	₩92,000	40%
이익잉여금	220,000	300,000	(80,000)	(26.7%)
자본총계	₩542,000	₩530,000	₩12,000	2.3%

[문제 2] 수평적/수직적 분석(1) 〈난이도: 중〉

1.

			증가 혹은 감소	
	20×3	20×2	금액	비율
자산				
유동자산	₩148,000	₩160,000	(₩12,000)	(7.5%)
유형자산(순액)	198,000	180,000	18,000	10%
무형자산	54,000	80,000	(26,000)	(32.5%)
자산총계	₩400,000	₩420,000	(₩20,000)	(4.76%)
부채 및 자본				
유동부채	₩84,000	₩96,000	(₩12,000)	(12.5%)
비유동부채	286,000	300,000	(14,000)	(4.67%)
보통수자본	30,000	24,000	6,000	25%
부채와자본총계	₩400,000	₩420,000	(₩20,000)	(4.76%)

2.

	20×3	비율
자산		
유동자산	₩148,000	37%
유형자산(순액)	198,000	49.5%
무형자산	54,000	13.5%
자산총계	₩400,000	100%
부채 및 자본		
유동부채	₩84,000	21%
비유동부채	286,000	71.5%
보통주자본	30,000	7.5%
부채와자본총계	₩400,000	100%

[문제 3] 수평적/수직적 분석(2) 〈난이도: 중〉

1.

			증가 혹은 감소	
	20×3	20×2	금액	비율
순매출액	₩300,000	₩250,000	₩50,000	20%
매출원가	(241,500)	(210,000)	(31,500)	15%
매출총이익	58,500	40,000	18,500	46.3%
영업비용	(28,600)	(22,000)	(6,600)	30%
당기순이익	₩29,900	₩18,000	₩11,900	66.1%

2.

	20×3		20×2	
	금액	비율	금액	비율
순매출액	₩300,000	100%	₩250,000	100%
매출원가	(241,500)	80.5%	(210,000)	84%
매출총이익	58,500	19.5%	40,000	16%
영업비용	(28,600)	9.5%	(22,000)	8.8%
당기순이익	₩29,900	10%	₩18,000	7.2%

[문제 4] 비율분석 - 유동성 비율(1) 〈난이도: 중〉

1. 유동비율 = (₩30,000 + ₩140,000 + ₩120,000) / ₩100,000 = 2.9
2. 당좌비율 = (₩30,000 + ₩140,000) / ₩100,000 = 1.7
3. 매출채권회전율 = (₩820,000 − ₩40,000) / [(₩140,000 + ₩120,000) / 2] = 6
4. 재고자산회전율 = ₩396,000 / [(₩120,000 + ₩100,000) / 2] = 3.6

[문제 5] 비율분석 - 유동성 비율(2) 〈난이도: 상〉

1. (1) 20×2년 매출채권회전율 = ₩1,550,000 / [(₩260,000 + ₩240,000) / 2] = 6.2
   20×3년 매출채권회전율 = ₩1,980,000 / [(₩275,000 + ₩260,000) / 2] = 7.4
   (2) 20×2년 매출채권회수기간 = 365/6.2 = 58.87일
   20×3년 매출채권회수기간 = 365/7.4 = 49.32일

2. 매출채권 회수 평균기간이 58일에서 49일로 회수기간이 짧아지므로 매출채권에 대한 관리가 보다 효율적이다.

3. (1) 20×2년 = ₩2,270,500 / [(₩430,000 + ₩490,000) / 2] = 4.94
   20×3년 = ₩2,150,000 / [(₩490,000 + ₩510,000) / 2] = 4.3
   (2) 20×2년 = 365/4.94 = 73.89일
   20×3년 = 365/4.3 = 84.88일

4. 재고자산을 매입한 날로부터 판매되는 날까지의 평균기간이 74일에서 85일로 길어져 비효율적이다.

[문제 6] 비율분석 - 수익성 비율(1) 〈난이도: 중〉

1. 매출액이익률 = ₩25,000 / ₩380,000 = 6.6%
2. 총자산회전율 = ₩380,000 / [(₩290,000 + ₩250,000) / 2] = 1.4
3. 총자산이익률 = ₩25,000 / [(₩290,000 + ₩250,000) / 2] = 9.3%
4. 자기자본이익률 = ₩25,000 / [(₩215,000 + ₩162,500) / 2] = 13.2%

[문제 7] 비율분석 - 수익성 비율(2) 〈난이도: 중〉

1. 주당순이익 = (₩32,500 − ₩2,500) / 30 = ₩1,000/주
2. 주가수익비율 = ₩1,300 / 1,000 = 1.3
3. 배당성향 = ₩13,000 / ₩32,500 = 40%
4. 이자보상비율 = (₩32,500 + ₩16,000 + ₩24,000) / ₩16,000 = 4.53배
   이자보상비율은 "이자비용 + 법인세차감전순이익"을 이자비용으로 나누므로 당기순이익 ₩32,500에 법인세비용을 더해야 법인세차감전순이익이 된다.

[문제 8] 종합(1) 〈난이도: 상〉

1. 유동비율 = (₩10,600 + ₩42,400 + ₩18,000) / ₩20,740 = 3.42
2. 당좌비율 = (₩10,600 + ₩42,400) / ₩20,740 = 2.56
3. 매출채권회전율 = ₩220,000 / [(₩42,400 + ₩46,800) / 2] = 4.93
4. 재고자산회전율 = ₩120,000 / [(₩18,000 + ₩14,000) / 2] = 7.5
5. 매출액이익률 = ₩24,000 / ₩220,000 = 10.9%

6. 총자산회전율 = ₩220,000 / [(₩221,000 + ₩240,200) / 2] = 0.954
7. 총자산이익률 = ₩24,000 / [(₩221,000 + ₩240,200) / 2] = 10.4%
8. 자기자본이익률 = ₩24,000 / [(₩200,260 + ₩178,000) / 2] = 12.7%
9. 부채비율 = ₩20,740 / ₩221,000 = 9.4%

[문제 9] 종합(2) 〈난이도: 상〉

1. 매출원가 = 3.5 × [(₩400,000 + ₩360,000) / 2] = ₩1,330,000
2. 순외상매출액 = 8.8 × [(₩145,000 + ₩252,000) / 2] = ₩1,746,800
3. 당기순이익 = 0.24 × [(₩800,000 + ₩227,000 + ₩800,000 + ₩202,000) / 2] = ₩243,480
4. 0.24 = ₩243,480 / 평균총자산
   평균총자산 = ₩243,480 / 0.24 = ₩1,014,500
   ₩1,014,500 = (₩1,210,000 + 20×3년 말 자산) / 2
   ∴ 20×3년 말 자산 = ₩819,000

저자소개

강정연

한양대학교 경영학 학사
서울시립대학교 세무전문대학원 세무학 석사
한양대학교 경영학 박사(회계학 전공)
(현)선문대학교 IT경영학과 부교수

김우영

한양대학교 경영학 학사
한양대학교 경영학 석사
한양대학교 경영학 박사(회계학 전공)
(현)동덕여자대학교 사회과학대 경영학과 교수

김종현

한양대학교 경영학 학사
한양대학교 경영학 석사
한양대학교 경영학 박사(회계학 전공)
(현)한양대학교 ERICA 경상대학 회계세무학과 교수

장석진

한양대학교 이학사(수학 전공)
한양대학교 경영학 박사(회계학 전공)
(현)대진대학교 경영학과 부교수

정석윤

플로리다 대학교 통계학 학사
플로리다 대학교 통계학 석사
플로리다 대학교 회계학 박사
(현)한양대학교 경영대학 부교수

정희선

서울대학교 사범대학 독어교육 학사
서울대학교 경영학 석사
서울대학교 경영학 박사(회계학 전공)
(현)한양대학교 경영대학 교수

IFRS 회계원리 해답집

2024년 1월 20일 초판인쇄
2024년 1월 30일 초판발행

저 자 강정연 · 김우영 · 김종현 · 장석진 · 정석윤 · 정희선
발행인 김광범
발행처 도서출판 **시대가치**
주 소 서울특별시 마포구 토정로 222, 422-1호(한국출판콘텐츠센터)
전 화 02)3152-2620
팩 스 02)6442-2621
등 록 2017년 3월 23일 제2018-000088호
이메일 timepub2017@gmail.com
홈페이지 시대가치.com

ISBN 979-11-89607-87-6 93320

정가 10,000원